1학년과 함께한 그림책 수업

그림책이랑 콩콩
콩나물 교실

그림책이랑 콩콩 콩나물 교실
1학년과 함께한 그림책 수업

초판 1쇄 발행 2023년 12월 29일

지은이 김정아
펴낸이 장길수
펴낸곳 지식과감성#
출판등록 제2012-000081호

교정 주경민
디자인 강샛별, 정윤솔
편집 정윤솔
검수 이주연
마케팅 김윤길, 정은혜

주소 서울시 금천구 벚꽃로298 대륭포스트타워6차 1212호
전화 070-4651-3730~4
팩스 070-4325-7006
이메일 ksbookup@naver.com
홈페이지 www.knsbookup.com

ISBN 979-11-392-1542-7(03370)
값 16,700원

- 이 책의 판권은 지은이에게 있습니다.
- 이 책 내용의 전부 또는 일부를 재사용하려면 반드시 지은이의 서면 동의를 받아야 합니다.
- 잘못된 책은 구입하신 곳에서 바꾸어 드립니다.

지식과감성#
홈페이지 바로가기

1학년과 함께한 그림책 수업

그림책이랑 콩콩
콩나물 교실

김정아 지음

지식과감정

들어가는 말

그림책과 콩나물

'콩나물' 비유를 처음 들었던 것은 고등학교 입학을 앞둔 겨울이었다. 당시 나는 교회를 다니면서 학생부에 소속되어 있었는데 고등학교를 졸업하고 대학교 진학을 앞둔 학생부 선배가 공부에 대한 조언으로 '콩나물' 이야기를 꺼냈다.

"너희 콩나물시루 알지? 거기 물 부어 봤어?"

그 시절, 1980년대에는 콩나물을 키우는 집이 흔했다. 우리 집도 한두 번 콩나물을 직접 키워 먹은 적이 있었다. 콩나물시루는 바닥에 구멍이 숭숭 나 있어서 물을 부으면 밑으로 다 빠져 버린다. 밑으로 빠지는 물을 받는 물통을 시루 밑에 받쳐 놓고 위에는 검은 천을 덮어서 햇빛을 가려야 콩나물을 잘 키울 수 있다.

"콩나물시루에 물을 부으면 어때? 밑으로 다 빠지지? 그래도 콩나물은 잘 자라잖아."

정말 그랬다! 난 호기심이 별로 없는 편이어서 한 번도 그것을 신기하다거나 이상하다고 생각한 적이 없었는데 그 선배가 말을 꺼내자 그제야 '어랏! 정말 그렇네!'라는 생각이 들었다. 그리고 그 선배의 다음 말이 궁금해지기 시작했다. '그래서 그 콩나물시루가 공부랑 무슨 관련이 있다는 거지?'

"영어 공부가 그래! 단어를 외우잖아? 하나도 기억이 안 나는 거 같아. 그래도 자꾸 외우잖아. 그럼 어느샌가 실력이 늘어. 밑으로 다 새어 나오는 것 같아도 콩나물시루에 물을 자꾸 부으면 콩나물이 자라는 것처럼!"

아하! 이토록 찰떡같은 비유가 또 있을까? 내 평생 이보다 더 찰떡같은 비유는 만나 보지 못한 것 같다(선배가 생각해 낸 것인지 선배도 어디에서 들은 것인지는 알 수 없지만……). 선배에게 이 말을 듣던 순간이 35년이 지난 지금도 생생하게 떠오를 정도로 인상적이었던 이유는 이 비유가 '영어 공부'에만 해당되는 것이 아님을 35년간 꾸준히 느끼고 깨달으며 살아왔기 때문이다.

교사가 되어 아이들을 가르치면서 순간순간 내 노력과 정성이 아무 의미 없게 느껴질 때마다 나는 '콩나물' 비유를 떠올렸다. 지금 눈에 보이는 변화나 성장은 없지만 내가 아이들에게 마음을 쏟고 또 쏟으면 그 모든 진심이 콩나물시루를 통과한 물처럼 언젠가 아이들을 자라게 할 수 있을 거라는 희망으로 나는 아이들 앞에 27년간 단단하게 설 수 있었다.

2007년 가입해서 활동하고 있는 초등교사 커뮤니티(인디스쿨)의 내 프로필 자기소개 글은 다음과 같다.

"콩나물을 키우는 마음으로 오늘도 물을 열심히 줍니다. 밑으로 다 새어 나오는 것 같아도 콩나물은 자랍니다. ^^"

같은 커뮤니티에서 활동하는 선생님들이 이 글을 읽고 위로받았다는 댓글을 남겨 주시기도 했다. 같은 교사로서 비슷한 마음의 어려움을 느끼기 때문일 것이다.

'콩나물' 비유를 떠올리며 아이들을 바라보면 아이들이 졸망졸망 귀엽고 노란 콩나물로 보인다. 말 안 듣고 까불어도 '언젠가는 몰라보게 자라겠지?' 생각이 들며 긍정적인 눈으로 바라보는 여유를 찾을 수 있다.

나는 올해까지 총 다섯 번 1학년 담임을 맡았다. 그리고 몇 년 전부터 그림책을 활용한 놀이 수업을 실천하고 있다. 그러니까 말하자면 우리 교실은 콩나물시루고 우리 반 1학년 아이들은 콩나물이며 나는 그림책으로 물 주기를 하고 있는 셈이다. 그리고 이 책은 그림책으로 자라는 콩나물 교실, 콩나물 친구들의 이야기이다.

그림책 활용을 위한 수업 모형 개발

그림책으로 학생 주도형 수업을 설계하고 실천하려고 할 때 가장 고민된 부분은 적당한 수업 모형을 찾는 일이었어요. 국어과나 통합과 수업 모형을 알아보았지만, 마음에 드는 수업 모형을 찾을 수가 없었습니다. 1학년 학생들과 그림책으로 수업하기에 너무 복잡하거나 필요 없는 과정이 많았어요. 그림책이라는 콘텐츠를 바탕으로 한 모형들이 아니었고요. 그래서 많은 시행착오와 고민 끝에 직접 수업 모형을 만들어서 적용했습니다. 제가 만들어서 적용한 그림책 수업 모형은 'G.R.I.M 모형'입니다. '그림 모형'이라고 부르면 됩니다. 그림 모형의 단계는 다음과 같습니다.

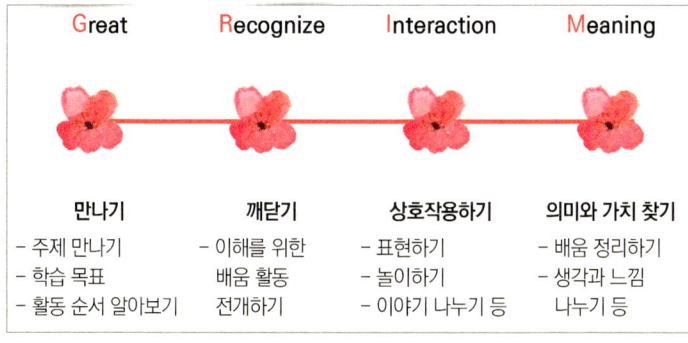

그림책 수업 모형 G.R.I.M

그림책을 활용한 수업은 모든 학년에 적용할 수 있고 이미 다양한 그림책 관련 도서와 수업 자료가 나와 있었습니다. 대부분의 그림책 활용 수업은 최소한 중학년 이상의 학생들에게 적절한 토의식 수업이거나 저학년을 위한 놀이 수업인 경우는 그림책 주제와 관련된 활동만 강조되고 교육과정과의 관련성은 부족했습니다. 좋은 그림책을 발견하면 그 그림책으로 수업할 주제를 정한 다음, 이 수업을 어느 교과, 어느 성취기준과 관련지어야 할지 고민하며 교육과정을 재구성해야 했습니다.

그래서 좀 더 교육과정 맞춤형 그림책 수업 사례나 자료가 있다면 좋겠다는 생각이 들었습니다. 그림책을 먼저 정한 후 교육과정을 살펴보는 것보다 내가 수업해야 할 교과와 성취기준에 맞는 그림책을 고를 수 있다면 수업을 설계하는 데 더 도움이 될 수 있다고 생각했습니다.

이 책에서는 제가 입학초기적응활동 및 통합 교과 '봄'과 '여름'에서 다룬 그림책 수업 사례를 교육과정에 따라 정리했습니다. 이 수업들은 2015 개정 교육과정을 기반으로 수업한 사례들입니다. 내년부터 시작되는 새로운 2022 개정 교육과정과는 조금 차이가 있을 수 있습니다.

사례마다 관련 단원 및 차시명을 제시하고 수업 목표에 맞게 '학습 주제' 또는 '핵심 질문'을 제시했습니다. 2015 개정 교육과정에 따른 성취기준을 안내하고 통합 교과의 성격과 내용 변화에 맞춰 2022 개정 교육과정에 있는 새로운 성취기준도 살펴보고 함께 안내했습니다.

그림책을 만나는 방법

　1학년 친구들은 아직 읽기가 유창하지 않아서 그림책을 교사가 읽어 주거나 영상으로 보여 주는 방법을 활용했습니다. 국어 교과 학습 진도와 학생들의 읽기 능력에 맞추어 1학기 중반 이후부터는 교사를 따라 읽어 보게 하거나 중요 장면을 학생들 스스로 읽어 보게 하는 방법도 활용했습니다.

　개인적으로 가장 좋은 것은 대형 TV 화면으로 그림책의 그림을 보여 주면서 교사가 읽어 주는 것이라고 생각합니다. 학생들이 읽는 것도 좋은 방법이지만 제가 준비한 그림책 수업의 목표는 '읽기 능력 신장'이 아니었기 때문에 '읽기'에 중점을 두지 않았습니다. 학생들에게 그림책을 읽게 하면 '읽기'에 집중하게 되고 그림책의 내용을 이해하거나 주제에 대하여 생각하는 것은 소홀할 가능성이 있습니다. 다른 방법은 그림책을 읽어 주는 영상을 찾아서 보여 주거나 직접 영상을 제작해서 보여 주는 방법이 있습니다. 다음은 두 가지 방법의 장점과 단점을 비교한 것입니다.

방법	장점	단점
교사가 읽어 주기	• 그림책을 읽어 주는 동안 학생들의 반응을 살펴보며 적절한 피드백을 줄 수 있다. • 중간중간 중요한 부분을 강조하거나 수업과 관련된 질문을 할 수 있다. • 표정이나 몸짓, 효과음 등을 활용하여 학생들의 흥미와 호기심을 불러일으킬 수 있다. • 종이책을 구해서 읽어 준 경우, 수업이 끝난 뒤 종이책을 학급 문고에 비치하면 학생들이 수업에 나온 그림책에 관심을 가지고 꾸준히 책을 읽을 수 있다.	• 그림책을 실감 나게 읽어 주기 위한 연습이 필요하다. • 충분한 연습 없이 읽어 주는 경우 학생들이 지루해하거나 집중도가 떨어질 수 있다. • 종이책이나 전자책을 대여하거나 구매해야 한다. • 종이책을 실물화상기로 보여 줄 경우, 책을 넘기며 읽어야 해서 책과 실물화상기 앞에 계속 서 있어야 한다. • 그림책을 스캔해서 대형 화면으로 보여 줄 경우, 수업 전에 미리 준비해야 한다.
영상으로 보여 주기	• 유튜브 등에서 그림책 영상을 찾아서 보여 줄 경우, 종이책이나 전자책 등을 대여하거나 구매하지 않아도 된다. • 중간중간 피드백이 들어가거나 질문을 하고 싶으면 영상을 잠깐 멈출 수 있다. • 그림책을 실감 나게 읽어 주기 위한 연습을 하지 않아도 된다.	• 유튜브 등에 필요한 그림책 영상이 없는 경우가 많다. • 필요한 그림책 영상이 없는 경우, 수업 진행상 영상으로 보여 주어야 한다면 직접 영상을 제작해야 하는데, 이런 경우 수업 준비에 많은 시간과 노력이 든다.

방법	장점	단점
영상으로 보여 주기	• 수업 준비와 진행이 편리하고 영상을 보여 주는 동안 잠깐 여유를 가지고 학생들을 관찰할 수 있다. • 미디어와 영상 매체에 익숙한 요즘 학생들을 쉽게 집중시킬 수 있다.	• 영상을 제작하는 경우, 실물 책을 구해야 하고 그림책 읽기 연습도 해야 하는 등 직접 읽어 주는 것과 같은 준비와 노력이 필요하다.
주의할 점	• 그림책 스캔본을 활용하거나 영상을 보여 주는 경우, 두 가지 다 학급 SNS 등을 통해 자료를 학생들과 공유하거나 다른 선생님과 공유한다면 저작권을 침해할 수 있다. • 그림책 관련 자료는 수업 중에만 활용하고 자료를 공유할 때는 '비공개' 원칙을 지키며 저작권 관련 사항을 확인해야 한다.	

목차

들어가는 말 **그림책과 콩나물** • 4

첫 번째 마당 **우리들은 1학년** • 14
우당탕탕 1학년을 시작합니다! • 16

나는 무슨 꽃?『우리 반』• 25
틀려도 괜찮은 행복한 우리 반『틀려도 괜찮아』• 38
규칙을 지키지 않으면?『선생님은 몬스테!』• 49
마법 같은 긍정의 힘『괜찮아』• 59
두 귀를 쫑긋! 두 눈을 반짝!『내 말 좀 들어 주세요, 제발』• 72

두 번째 마당 **봄** • 84

학교라는 낯선 행성에 불시착한 1학년이란 외계인 • 86
학교 가는 길은 즐거워!『학교 가는 길』• 91
친구를 이해하고 친해지는 친! 친! 놀이『나는 잘하는 게 하나도 없어요』• 98
봄이 왔어요『봄이다』• 110
식물이 잘 자라려면『파닥파닥 해바라기』• 119
나무야 고마워!『두고 보자! 커다란 나무』• 126

세 번째 마당 **여름** • 134

감정을 담는 말, 그릇 • 136
동물을 닮았어요『근사한 우리가족』• 144
마음을 표현해요『할머니 주름살이 좋아요』• 154
여름이 두둥!『여름이 왔어요』• 164
여름은 맛있어요『여름맛』• 175
달나라 옥토끼 구조 작전『달 샤베트』• 187

맺는말 **나는 물을 줄 뿐, 콩나물은 스스로 자란다** • 200

첫 번째 마당

우리들은 1학년

관련 교육과정	영역	활동
창의적 체험활동	자율활동	입학초기적응활동

일러두기

* 2015 개정 교육과정 '창의적 체험활동 자율활동' 영역이 2022 개정 교육과정에서는 '자율·자치활동'으로 개정됩니다.
* 2015 개정 교육과정에서 '입학초기적응활동'은 자율활동으로 편성되었지만 2022 개정 교육과정에서는 교과와 창의적 체험활동에서 함께 편성 가능하게 개선되었습니다.
* '입학초기적응활동'은 3월에 집중 편성합니다.

우당탕탕 1학년을 시작합니다!

　1학년을 처음 맡으면 황당하고 곤란한 경험을 많이 하게 된다. 선생님들 사이에 돌고 도는 1학년 에피소드들을 모은다면 족히 책 10권은 쓸 수 있지 않을까? 물론 그 에피소드들은 지나고 나서 떠올리면 대부분 너무 귀엽고 재미있는 일들이다. 그러나 그 일을 겪는 당시에는 당황스럽거나 곤란한 일이기도 하다.

　처음 1학년을 담임했던 때는 1999년, 내 경력 고작 3년 차였다. 당시 우리 반은 40명 정도였다(당시에는 학급당 학생 수가 40명 내외였다). 3년 차 병아리 교사와 40명의 1학년이라니! 교사라면 이 조합만으로 벌써 '우당탕탕' 난리 난 교실이 떠오를 것이다. 당연하게도 우리 교실은 매일 난장판이었고 나는 매일 실수를 거듭해야 했다. 첫날부터 마지막 날까지!

　어느 날은 교무실에서 교감 선생님이 수업 중에 인터폰을 하셨다.

　"김 선생님, 지금 교실에 학생들이 다 있습니까?"

　이 무슨… 갑작스럽고 이해할 수 없는 질문일까? 나는 교실을 둘러보았다. 우리 반 학생들은 수업하다 말고 선생님이 전화를 받는 틈을 노려 교실 여기저기를 마음대로 돌아다니며 시끌시끌 떠들고 있었다. 그 짧은 순간에 우리 반 40명이 다 있는지 세어 볼 엄두가 나지 않았던 나는 교감 선생님께 조심스럽게 대답을 드렸다.

"아마…도요."

"있긴 뭐가 있어요! 여기 운동장에서 놀고 있는 녀석 두 명을 교무실에 잡아다 놨는데!"

벼락같은 호통 소리에 나는 움찔 들고 있던 수화기를 놓칠 뻔했다.

"죄… 죄송합니다!"

변명의 여지는 없었다. 수업 전에 학생들이 다 있는지 꼼꼼하게 확인하지 못했고 그 당시 우리 반 1학년 친구들은 수업 중에 허락 없이 마음대로 화장실을 갔다 오거나 늦게 들어오기도 했다. 그런 행동을 잘 다스리지 못한 불찰도 나한테 있었다. 다만 교감 선생님의 대처가 조금 서운하기는 했다. 처음부터 "선생님 반 학생 두 명이 여기 있습니다. 앞으로 주의해 주세요."라고 말씀해 주셨으면 낯 뜨겁고 죄송하고 뜨끔하기만 했을 텐데 떠보듯이 "학생들이 다 있습니까?" 하고 내 대답을 기다렸다가 호통을 치시니 서운하고 속상한 마음도 같이 들었다.

그 일 이후 나는 수업 전에 학생들이 모두 자리에 있는지 확인하는 습관을 길렀다. 교사로서 꼭 필요하고 중요한 습관이라는 것을 깨닫는 순간을 여러 번 경험했고 방법이 좀 호되기는 했으나 그 교감 선생님 덕분임을 인정한다. 그래서 지금은 서운함은 없고 덕분에 잘 배웠다는 생각뿐이다. 실수로부터 배운다는 것은 이런 것이다. 27년 차 경력이 쌓인 지금도 나는 여전히 실수 진행 중이고 여전히 배우고 있으며 앞으로도 그럴 것이다.

처음 1학년을 담임했을 때 또 하나 충격적인 기억이 있다. 학생들을 모두 자리에 앉히고 가져온 준비물을 정리하도록 안내할 때였다.

"개인 준비물은 뒤에 있는 사물함에 넣고 필통과 공책은 서랍에 넣으세요."

이 간단한 지시에 학생들은 웅성웅성 혼란스러워하며 준비물을 들고 주춤거리기만 했다.

"여러분! 자, 휴지랑 색연필 같은 건 사물함에 넣고 필통이랑 공책은 서랍에 넣으면 됩니다."

"선생님, 사물함이 뭐예요?"

"선생님, 서랍은 어디 있어요?"

머릿속에서 '띵!' 하는 소리가 울렸다. 이럴 수가! 1학년 친구들은 '사물함'이라는 말을 처음 들었고 주위를 아무리 둘러봐도 서랍이 달린 가구는 보이지 않았던 것이다. 별수 없이 나는 사물함이 무엇인지, 또 서랍은 책상 바로 밑에 있음을 알려 줘야 했다.

1학년은 이렇게!

1학년 친구들은 교실 용어 자체가 생소해요. 등교, 하교도 모르고 책상 서랍이나 사물함이 무엇인지도 모르죠. '오리엔테이션 PPT'나 '학급 안내 자료'를 소개하거나 설명할 때 용어부터 자세하게 알려 주어야 합니다. 발음을 분명하게, 말하는 속도는 천천히 설명해 줍니다.

"여러분, 책상 밑을 보세요. 상자처럼 생긴 칸이 있죠? 손을 넣어 보세요. 비어 있죠? 그 칸을 '서랍'이라고 불러요. 책상 서랍입니다. 따라

해 보세요. 책! 상! 서! 랍!"

"여러분, 교실 뒤를 보세요. 거기에도 네모난 상자들이 있죠? 저 상자 문을 열면 거기에도 서랍처럼 생긴 칸이 있어요. 저 상자를 '사물함'이라고 해요. 따라 해 봅시다. 사! 물! 함!"

그로부터 24년이 흐른, 1학년 5회차인 올해 나는 제법 능숙한 1학년 담임이 되어 있었다. 강당에서 입학식을 마친 우리 반 15명(요즘은 학급당 학생 수가 30명 내외이며 우리 학교는 읍 지역에 있는 작은 학교로 1학년은 학급당 15명으로 구성되었다.) 친구들을 안내해서 교실 옆 복도에 줄을 세운 후 제일 먼저 알려 준 것은 '신발장'이었다.

1학년은 이렇게!

1학년 입학 첫날 가장 먼저 해야 할 일은 '줄 세우기'입니다. 줄은 두 가지 줄이 있어요. '번호 줄'과 '키대로 줄'입니다. 때에 따라 번호대로 서야 할 경우와 키대로 서야 할 경우가 있기 때문에 미리 두 가지 줄을 연습해 두는 것이 좋습니다.

입학 후 처음은 번호를 익히기 위해서라도 '번호 줄'을 먼저 배웁니다. '번호 줄'이 익숙해진 다음 '키대로 줄'을 서는 것이 좋아요. 줄 서기가 익숙해지면 한 가지 방법을 더 추가하기도 하는데 '마음대로 줄'입니다. 굳이 번호대로 서거나 키대로 설 필요가 없을 때 먼저 온 순서대로 서는 줄을 말합니다. '마음대로 줄'을 설 때는 서로 먼저 서겠다고 뛰거나 밀치는 일이 없도록 주의해야 합니다. 그래서 처음에는 '번호 줄'과 '키대로 줄'만 서다가 질서나 규칙에 익숙해지면 '마음대로 줄'을 연습하는 것이 좋아요.

줄을 설 때 한 줄이 아니라 두 줄로 서야 하는 경우도 자주 있죠. 그래서 저는 처음 번호 줄을 세울 때 인원수를 반으로 나누어서 두 줄로 서는 것을 연습했어요. 우리 반 번호 줄은 1번부터 7번까지 서는 '1번 줄'과 8번부터 15번까지 서는 '8번 줄'이 있어요. 나중에 '키대로 줄'을 연습할 때도 미리 한 줄로 서기와 두 줄로 서기를 연습해 두면 좋습니다.

처음 교실에 들어가기 전 신발장 앞에서 먼저 번호를 알려 주고 '번호 줄'을 서도록 합니다. 자기 번호를 한두 번 외쳐 본 후 신발장에서 자기 번호를 찾아보게 합니다. 실내화로 갈아 신고 자기 신발장을 찾아 신발을 정리하는 것을 연습합니다.

"여러분, 옆을 보세요. 나무 칸막이가 보이고 칸마다 숫자가 있는 것이 보이나요?"

"네!"

"이 칸들은 '신발장'입니다. 신발장에 있는 숫자는 여러분의 번호입니다. 지금 번호대로 줄을 섰는데 몇 번이었는지 기억하나요?"

"네!"

"아니요."

"기억나지 않는 친구들도 걱정하지 마세요. 다시 알려 줄게요. 실내화를 갈아 신은 후에 신발을 신발주머니에 넣으세요. 그리고 신발주머니는 여러분 번호가 있는 칸에 신발주머니 끈이 안쪽으로 가도록 넣으면 됩니다."

신발주머니 끈이 밖으로 나와 있으면 왜 안 되는지 몸으로 직접 보여 주었다.

"이렇게 지나가다가 가방 손잡이나 끈에 걸릴 수도 있고 아래 칸을 사용하는 친구가 신발장을 사용할 때 불편할 수 있습니다. 그래서 안쪽으로 넣는 것이 안전합니다."

그리고 1번부터 한 명씩 차례대로 신발주머니를 신발장에 정리하고 교실로 들어가는 것을 도와주었다.

"교실에 들어가면 여러분 이름이 붙여진 책상과 의자가 있을 겁니다. 자기 이름이 있는 책상과 의자를 찾아서 앉으세요."

아이들 표정이 마대기처럼 딱딱하게 굳었다. 너무 떨리고 긴장된다고 온몸으로 말하고 있었다. 내가 1번부터 차례로 이름을 부르자 '엄근진'한 태도로 나와서 신중하게 신발주머니를 신발장에 넣고 교실로 들어가기 시작했다. 한 명씩 과제를 성공할 때마다 나도 자못 진지한 말투로 "훌륭합니다." "잘했어요." "성공입니다." 등의 말로 격려해 주었다. 그리고 신발주머니가 조금 비뚤어지면 "이렇게 똑바로 넣는 것이 좋습니다."라고 바로잡아 주었다. 고개를 끄덕이는 아이, '아!' 하고 작게 탄성이 터지는 아이들이 보이고 들렸지만 이제 제법 능숙한 교사인 척하는 중이었던지라 나는 옅은 미소만 지을 뿐 진지하면서도 다정한 태도를 계속 유지했다.

후에 학부모 상담 때 오신 한 학부모로부터 이 첫날의 능숙한 내 모습이 무척 인상적이었으며 노련한 교사임을 알 수 있었다는 말을 들을 수 있었다. 첫날의 내 능수능란한 교사 연기는 성공적이었던 셈이다.

 스스로 생각하기에도 경력 3년 차, 1학년 1회차와는 확연히 달라진 모습이었다. 지금도 물론 뛰어난 교사라고 하기에는 부족함이 많지만, 그때의 나는 실수투성이 엉망진창 풋내기였다. 만약 나와 같이 처음 1학년을 담당하게 된, 경력이 짧은 선생님을 만난다면 나처럼 바보 같은 실수는 하지 않도록 해 주고 싶은 이야기들이 마음속에서 몽글거렸다. 더불어 1학년들과 그림책으로 즐거운 수업을 할 수 있는 방법에 관한 이야기도 나누고 싶었다. 그래서 '그림책이랑 콩콩 콩나물 교실'에서 우당탕탕 1학년을 시작했다.

1학년은 이렇게!

 1학년은 입학식 전에 준비할 것들이 다른 학년보다 많아요. 우선 학생들이 서로의 이름을 알아 갈 수 있도록 첫 한 달간 착용할 이름표를 준비합니다. 이름표 앞면에는 학생의 이름을 정자로 크고 분명하게 표시하고 뒷면에는 학교 이름과 학년 반, 담임선생님의 이름과 연락처를 적어 둡니다.

 이름표를 집에 가져가지 않도록 합니다. 집으로 갔다가 돌아오지 않는 경우가 많거든요. 아침에 학교에 오면 이름표를 달고 집에 가기 전 이름표를 떼어서 서랍에 보관하거나 책상 위에 올려놓게 합니다.

 만약 목걸이형 이름표를 준비했다면 줄 길이를 학생들에게 맞게 조절해 주세요. 특히 급식을 먹을 때 줄이 길면 국이나 반찬에 이름표가 닿아서 젖거나 더러워지기도 합니다. 급식실에 가기 전에 미리 주의를 주는 것이 좋습니다. 또 목걸이형 이름표로 장난을 치다가 목에 줄이 걸리면 위험할 수도 있으니 이 점도 충분히 안전 지도를 해야 합니다.

  학생들이 서로 이름을 다 알고 친숙하게 서로의 이름을 부를 수 있게 되면 이름표를 거두어 보관해 둡니다. 보관해 둔 이름표는 '현장 체험학습' 때 다시 사용할 수 있습니다.
  교실에 입학을 환영한다는 내용의 현수막이나 가랜드를 게시해서 환경을 구성해 두면 좋습니다. 입학 첫날 그 게시물 앞에서 학급 기념사진을 촬영하면 의미도 있고 이날 찍은 사진으로 학급 안내판을 만들거나 학급 홈페이지를 꾸밀 수 있습니다.

  책상에는 미리 이름표를 만들어서 붙여 둡니다. 아침마다 와서 '내 자리가 어디지?' 하는 소리에 일일이 대답해 주고 안내해 주는 수고를 덜 수 있습니다. 번호가 익숙해질 때까지 책상 배치도 번호대로 하는 것이 좋습니다.

  학교생활 안내 자료와 학급 소개 자료, 준비물 목록 등을 준비해서 입학식 날 학생과 학부모님들에게 안내합니다. L자 파일을 학생 수대로 준비해서 모든 자료를 파일에 넣어서 가져갈 수 있도록 하면 좋습니다. 우리 학교는 학교에서 제작한 홍보용 L자 파일이 있어서 이것을 유용하게 활용했습니다.

L자 파일 앞면에 '우체통'이라는 제목(라벨지로 출력해서 붙이면 편리합니다. 라벨지는 방수 라벨지가 지워지지 않고 더 오래갑니다.)을 붙여 주고 일 년 내내 가정통신문이나 안내 자료는 '우체통'을 통해 전달합니다. 가정에서 학교로 회신하거나 제출할 문서도 '우체통'에 넣어서 가져오게 합니다.

우리 반은 모든 일과를 마친 후 '알림장'과 '우체통'을 확인하는 시간을 가집니다. 참고로 1학기에는 알림장을 학생들이 직접 쓰지 않습니다. 라벨지에 출력해서 알림장에 붙일 수 있도록 합니다. 알림장은 한글 쓰기 학습이 이루어지는 2학기부터 학생들이 직접 쓰도록 했습니다.

'우체통'으로 사용되는 L자 파일

나는 무슨 꽃? 『우리 반』

「모습이 달라서 어우러진
색깔이 달라서 어우러진
소중하고 예쁜 우리 반입니다.」

『우리 반』 김성범 글, 이수희 그림, 계수나무, 2019.

학습 주제		나를 소개해요.
관련 성취 기준	2015 개정 교육과정	[2슬01-02] 여러 친구의 다양한 특성을 이해하고 친구와 잘 지내는 방법을 알아본다. [2즐01-01] 친구와 친해질 수 있는 놀이를 한다.
	2022 개정 교육과정	[2슬01-02] 나를 탐색하여 나에 대해 설명한다. [2바01-03] 가족이나 주변 사람을 배려하며 관계를 맺는다.

수업의 개요

단계	활동	교수학습 자료
Great (만나기)	• 「우리들은 1학년」 노래 부르기 • 『우리 반』 그림책 만나기 • 공부할 문제와 활동 순서 확인하기	• 「우리들은 1학년」 노래 영상 https://youtu.be/6BPGsi7iY2Q (출처: 유튜브 '배달샘풍퐁')
Recognize (깨닫기)	• '나는 무슨 꽃' 말하기	• 「당신은 누구십니까?」 노래 영상 https://youtu.be/DKBjZwSPE1E (출처: 유튜브 '소리보따리') • 삼각 이름표 도안

Interaction (상호작용하기)	• 자기소개 놀이하기 • 이름표 꾸미기	
Meaning (의미와 가치 찾기)	• 배움 정리하기	

입학식 다음 날 첫 그림책 수업으로 『우리 반』을 골랐다. 『우리 반』은 색깔도 다르고 모양도 다른 꽃들이 모여 아름다운 꽃밭을 이룬 것처럼 서로 다른 친구들이 모여 소중한 '우리 반'이 되었다는 이야기를 담은 예쁜 그림책이다. 아직 서로의 이름도 모르는 1학년 친구들이 수업을 통해 서로 인사도 나누고 이름도 알아볼 수 있도록 했다.

활동 과정

Great_만나기

「우리들은 1학년」 노래를 듣고 따라 불러 봅시다.
그림책 『우리 반』을 만나 봅시다.

생각 질문

1. 꽃들의 모양과 색깔은 서로 어떠한가요?
2. 모양과 색깔이 다른 꽃들이 모여 무엇이 되었나요?
3. 모습과 색깔이 다르지만 모두 어떤 꽃들일까요?

Recognize_깨닫기

여러분은 어떤 꽃이라고 생각하나요?
그렇게 생각한 이유는 무엇인가요?

'나는 무슨 꽃?'

갓 입학한 1학년 학생들에게 "여러분은 어떤 꽃이라고 생각하나요?"라는 질문은 너무 어려운 질문입니다. 1학년에게는 구체적이고 명확한 발문이 효과적입니다. 그런데 위와 같은 발문은 내용이 추상적이기 때문에 1학년 학생들은 질문의 뜻을 이해하기 어렵습니다. 추상적인 발문이 필요할 경우 1학년에게는 다양한 예시가 필요합니다. 이러한 예시 자료들은 어려운 질문에 말문이 막힌 1학년에게 창의적인 대답을 떠올릴 수 있는 불쏘시개 역할을 해 줄 수 있답니다.

발표 예시 자료

조그맣고 어린 1학년 친구들이 무얼 알까 싶은 마음이 없는 것은 아니지만 조그만 입술을 앙다물고 '나는 무슨 꽃이라고 할까?'를 궁리하는 표정들은 제법 진지했습니다. 예시 자료와 비슷하게 말하는 친구도 있었지만 의외로 깜찍한 대답을 하는 친구들도 있어서 즐거운 활동이었습니다.

Interaction_상호작용하기

「당신은 누구십니까?」 노래를 부르며 이름을 소개해 봅시다.
'아이 엠 그라운드 자기소개하기' 놀이를 하며 자기를 소개해 봅시다.
'도전! 우리 반 이름 외우기'에 도전해 봅시다.
나만의 이름표를 꾸며 봅시다!

「당신은 누구십니까?」 노래 부르기

　「당신은 누구십니까?」 노래 가사에 맞추어 순서대로 자기 이름을 말합니다. 노래 첫 부분 '당신은 누구십니까?'를 다 같이 부르면 '나는 ○○○~'라고 이름을 말하는 부분은 한 명씩 순서대로 자기 이름을 넣어서 부릅니다. 이름을 소개하고 나면 다 같이 그 친구를 향해 '그 이름 예쁘구나!' 부분을 노래 불러 줍니다.

　저는 이 활동에서 손가락 모양의 지시봉으로 한 명씩 가리켜 순서를 알려 주었습니다. 간주 부분에서 이동하고 '당신은 누구십니까?'를 부를 때 지시봉으로 한 친구씩 가리켜 순서를 알려 주면 가리킴을 받은 친구가 자기 이름을 가사에 넣어서 불러 보게 했습니다. 그저 이름을 말하는 것뿐인데도 이번에는 어느 친구가 이름을 말하게 될지, 어찌나 긴장하고 흥미 있어 하는지 눈동자가 데굴데굴 굴러가는 소리, 심장이 콩콩 뛰는 소리가 들리는 것 같았습니다.

　음정이나 박자에 맞게 노래하는 것은 1학년들에게는 어렵습니다. 이 활동에서도 가사 따로 음정 따로 박자 따로여서 이것을 과연 '노래'라고 할 수 있을까? 싶었지만 노래를 잘 부르는 것이 활동의 목적이 아니라는 것을 기억하며 넘어갔습니다.

이름을 말할 때도 목소리가 작거나 발음이 불분명한 경우가 많았습니다. 친구들이 이름을 잘 들을 수 있도록 한 번 더 말해 보게 하거나 제가 큰 소리로 또박또박 말해 주었습니다.

친구들의 이름을 잘 기억해 두어야 세 번째 놀이 '도전! 우리 반 이름 외우기'에 성공할 수 있다고 미리 설명해 주면 집중도를 더 높일 수 있답니다.

'아이 엠 그라운드 자기소개하기'

4박자에 맞추어 '무릎, 박수, 오른손 엄지척, 왼손 엄지척' 동작을 반복합니다. 동작과 함께 처음에는 '아이 엠 그라운드 자기소개하기' 구호를 4박자씩 8박자에 맞추어 외칩니다. 구호가 끝난 다음부터 한 사람씩 자기 이름을 말합니다. 이름을 말할 때는 4박자로 말하는데 처음 2박자는 쉬고 오른손 엄지척과 왼손 엄지척 동작에서 말하면 됩니다.

순서대로 돌아가며 이름을 한 번씩 말한 다음에는 1번 친구부터 '친구 이름 부르기' 놀이를 합니다. 시작하는 친구가 먼저 4박자에 자기 이름을 말하고 다음 4박자에 다른 친구의 이름을 말합니다. 이름이 불린 친구는 시작한 친구와 마찬가지로 처음 4박자에 자기 이름을 말하고 다음 4박자에 다른 친구의 이름을 부르면 됩니다.

이 놀이를 다른 학년과도 해 보고 1학년과도 해 보았습니다. 우선 1학년들은 4박자에 맞추어 동작을 하기도 어렵습니다. 안 되더라고요. 3학년 정도는 되어야 제법 놀이다운 놀이를 할 수 있습니다.

1학년은 선생님이 하드 캐리 하셔야 합니다. 학생들이 따라 하지 못해도 큰 소리와 동작으로 "하낫! 둘! 셋! 넷! 아이 엠 그라운드 자기소개하기! 짝짝! 김별똥! 짝짝! 박똘망!" 외쳐 주며 한 명씩 이름이라도 말해 보게 합니다. 학생들은 엄청 즐거워합니다. 계속 까르르 웃으며 좋아합니다. 전 힘들어 쓰러질 것 같은데요. 그래도 아이들이 웃으니까 기분은 좋았습니다.

힘들어도 이 놀이를 한 이유는 이름을 한 번이라도 더 말해 보게 하고 친구들 이름도 한 번이라도 더 들어 보게 하려는 의도가 있었습니다. 이름을 알아야 세 번째 놀이에 도전해서 성공할 수 있거든요.

도전! 우리 반 이름 외우기

우리 반 친구들 이름 외우기에 도전합니다. 친구들의 이름을 다 외울 수 있는 학생이 있는지 물어보고 도전할 사람은 앞에 나와서 친구들의 이름을 차례대로 다 말해 보게 합니다. 학생들이 명찰을 착용하고 있다면 명찰을 가리거나 벗게 합니다. 도전에 성공하면 작은 보상을 주는 것도 좋지만 도전에 성공한 성취감만으로도 충분히 즐거운 놀이가 됩니다.

제가 먼저 학생들 앞에서 시범을 보여 주었습니다.

"모두 이름표를 뒤집어서 가리세요. 지금부터 선생님이 우리 반 친구들 모두의 이름을 외워 보겠습니다. 시작하기 전에 '도전'을 외치고 시작하겠습니다. 도전!"

'과연 우리 선생님이 내 이름을 알까?' 하는 생각으로 숨죽인 채 제

얼굴만 바라보다가 제가 이름을 말하면 화들짝 놀라며 "우와!" 하고 감탄사를 내뱉었습니다. 일부러 바로바로 말하지 않고 고민하는 척도 해 보았습니다.

"음… 뭐였더라? 김…… 콩이!"

'설마'와 '간절' 사이 그 어디쯤을 헤매던 눈빛이 또렷해지면서 "맞아요!" 하는 학생을 향해 싱긋 웃어 주었습니다.

시범 후에 도전해 볼 친구가 있는지 물어보았더니 처음에는 선뜻 손을 들지 못했습니다. 슬슬 옆구리를 찔러 주었습니다.

"그래요? 아무도 없단 말이죠? 아… 틀려도 도전해 보는 용기가 있길 바랐는데 우리 친구들 중에는 용감하게 도전해 볼 친구가 없는 건가요?"

"선생님, 틀려도 괜찮아요?"

"물론이죠! 틀리는 게 두려워 도전하지 않는다면 한 걸음도 나아갈 수 없어요. 자꾸 도전하면 더 잘 외울 수 있게 될 겁니다."

"제가 해 볼게요!"

첫 도전자가 아주 중요했습니다. 이 학생은 모든 친구의 이름을 외우는 데는 성공하지 못했지만, 이 친구의 실패에 대해서 그 자체로 용기 있는 태도였고 이만큼 외운 것도 대단하다고 칭찬해 주자 학생들이 너도나도 주저하지 않고 '도전!'을 외치기 시작했습니다. 결국 3명의 학생이 도전에 성공했고 모든 학생이 기꺼이 진심으로 박수를 보내 주었습니다.

이름표 꾸미기

　삼각 명패 모양으로 세울 수 있는 이름표 도안을 준비해서 나누어 주고 자기의 이름을 두껍고 크게 쓰게 합니다. 반대편에는 '1학년이 된 멋진 내 모습'을 그림으로 그려 보게 합니다. 입학식 날 자신의 모습을 떠올려서 그림으로 그리게 하면 됩니다.

　아직 문자 지도가 이루어지지 않았기 때문에 글씨를 쓰는 활동은 하지 않았습니다. 그러나 문자를 해득하지 못한 학생들도 이름을 쓰는 것은 가능하기 때문에 이름은 문자로 쓰고 뒷면은 그림을 그리게 했습니다. 이름을 쓸 때 글자에 두께를 주는 것은 따로 설명과 시범이 필요했습니다.

열심히 이름표를 꾸미는 귀요미들

개성 넘치는 이름표들

Meaning_의미와 가치 찾기

무엇을 알게 되었나요?
느낀 점은 무엇인가요?
앞으로 노력할 점은 무엇일까요?

수업+더하기

생긴 모습도, 좋아하는 색깔도, 잘하는 것도 모두 다르지만 모두 소중하고 모두 예쁜 꽃이라는 메시지를 전달하고자 노력했다.

1학년 친구들에게 메시지를 전달할 때는 '반복'이 가장 중요하다. 중요한 메시지일수록 꾸준히 계속 반복해야 한다. 누가 누구보다 못하고 모자란 것이 아니라 서로 '다를' 뿐이라는 것, 그리고 누구나 소중하고 아름다운 존재라는 것을 반복하고 강조해서, 배려하고 존중하는 '우리 반'을 만들기 위한 첫걸음을 『우리 반』 그림책과 함께했다.

올해 『우리 반』 그림책 수업에서는 특별히 마음에 둔 아이가 있었다. 이 수업을 통해 학생들에게 전하고 싶었던 가치, '모두 다르지만 모두 소중해.'를 떠올리게 하는 아이였다. 나는 입학 전 학부모와 상담을 통해 이 아이에 대하여 미리 알게 되었고 그래서 이 수업을 하면서 저절로 이 아이를 떠올릴 수밖에 없었다. 수업 중에 따로 이 아이에 관한 이야기를 꺼낸 것은 아니다. 다만 이러한 수업과 반복적인 메시지 전달을 통해 우리 반 모든 친구가 서로를 동등하게 바라보고 어떠한 편견이나 차별도 없이 서로 아껴 주기를, 그리고 그 안전한 울타리 속에서 이 아이가 즐겁게 학교생활을 할 수 있기를 바랐다.

아이와 첫 만남은 예비 면접 날이었다. 나는 한쪽 창구를 맡아 면접을 진행하고 있었다. 그때는 아직 담임할 학년이나 학급이 정해지지 않았고 나는 올해 1학년이 아닌 3학년 담임을 희망한다고 '업무 희망서'에 적어 제출한 상황이었다.

"저… 입학 전에 담임선생님과 상담할 수 있을까요? 미리 상담하고 싶어서요."

단발머리에 하얀 얼굴, 단정한 옷차림을 한 어머님의 인상은 부드러웠다. 한눈에 따뜻한 분임을 알 수 있었다.

"네, 어머니. 면접 서류에 메모도 남겨 놓고 담임선생님이 정해지면 따로 담임선생님께 전달도 꼭 드릴게요. 입학 전에 연락드리겠습니다."

내가 담임을 맡게 될 줄 모르고 아무렇지 않은 표정으로 대답하면서도 입학할 아이에게 어떤 어려움이 있는 건가 싶어 걱정되었다. 어머님 옆에 서 있는 아이를 보니 평범하고 다소곳해 보이는 여학생이었는데 옷차림이나 양 갈래로 머리를 야무지게 쫑쫑 묶은 꾸밈새를 보아 사랑받고 자란 태가 역력했다. 특별히 눈길을 끄는 점은 없었다.

후에 담임 학급이 정해지고 내 희망과 다르게 1학년을 담당하게 되어서 학생 명단과 면접 서류를 확인하다 보니 그 아이가 우리 반에 배정된 것을 알게 되었다. 그즈음 교육청에서 해당 학생이 특수학급에 배정되었으나 완전 통합으로 도움반에 가지 않고 통합학급에서 모든 수업에 참여하게 된다는 연락을 받았다. 통합반 수업 문제로 어머님께서 상담을 신청하셨구나 생각했고 걱정이 크시겠구나 하는 마음에 바로 상담 약속을 잡기 위한 전화를 드렸다.

"우리 별(가명)이는 하루하루 발전하고 있어요. 예비 면접 때는 한글을 잘 못 읽었지만, 지금은 쉬운 낱말은 읽을 수 있게 되었어요."

약속한 날 오셔서, 별이 이야기를 하는 어머님의 눈은 맑고 고요했다.

"저는 그래서 힘이 나요. 더 욕심이 생겨요. 더 잘 해낼 수 있도록 도와주고 싶어서 저도 열심히 하고 있어요. 별이도 잘하고 싶어 하고 열심히 해요. 그런데 가끔 자기 뜻대로 안 되면 속상해서 울거나 떼쓰고 고집을 부리기도 해서 선생님이 힘드실까 봐 걱정입니다."

나는 그 어머니의 아이 발전에 대한 믿음과, 깊이를 헤아리기 힘든 사랑에 마음이 뭉클해서 고개를 저었다.

"괜찮습니다. 걱정 마세요, 어머니. 어머니만큼은 아니겠지만 저도 별이가 잘 적응하고 발전할 수 있도록 제가 할 수 있는 모든 일을 다 할게요. 최선을 다하겠습니다."

지금 별이는 친구들과 적극적으로 어울리고 수업에도 즐겁게 참여하며 학교생활에 잘 적응하고 있다.

1학년 학부모 상담과 칭찬 타이밍 찾기

　1학년은 학부모와의 소통이 어느 학년보다 중요합니다. 학부모들이 가장 관심이 많고 걱정이 큰 학년이기 때문입니다. 학부모 상담은 1학년 학급 운영을 위한 밑바탕입니다. 특히 요즘 같은 시기에 학부모님과의 소통은 교사에게 너무나 어렵고 부담스러운 일이지만 1학년을 맡게 되었다면 피할 수 없는 일이기도 합니다.

　1학년 학부모 상담에서 가장 중요한 것은 '신뢰 형성'입니다. 학년 초에 학부모님과 신뢰가 단단하게 형성되면 이후 예상치 못한 갈등 상황에 부딪혀도 문제를 원만하게 해결하는 데 도움이 됩니다.

　학부모와 교사 사이 신뢰 형성을 위한 상담으로 우선 학생이 다치거나 다른 친구와 갈등이 생기면 교사가 보기에 중대한 사안이 아니어도 우선 학부모에게 연락하는 것이 좋습니다. 다음으로 선생님이 아이의 단점만 보지 않고 장점을 보고 있다는 것을 학부모님과 아이 모두에게 인식시켜 주어야 합니다. 이를 위해서 아이에게 문제가 있을 때만 학부모님께 연락드리지 않고 문제가 생기기 전이나 그 후에 아이가 작은 것 하나라도 잘 해내거나 약속을 지켰다면 연락해서 긍정적인 피드백을 줍니다.

　"오늘 소심(가명)이가 수업 시간에 용기를 내서 발표했어요. 쉬는 시간에 친구한테 먼저 말도 걸더군요. 목소리가 점점 커지고 있습니다. 집에 오면 '오늘 발표를 아주 잘했다면서? 선생님이 칭찬 많이 하시더라.'라고 꼭 칭찬해 주세요."

교사는 훌륭한 관찰자가 되어야 합니다. 갈등이나 문제 상황은 쉽게 눈에 띄지만 잘하는 것은 아주 뛰어나지 않으면 좀처럼 눈에 띄지 않습니다. 수업 시간은 물론 쉬는 시간에도 눈과 귀를 열고 항상 아이들을 살피며 '칭찬 타이밍'을 찾아야 합니다. 꼭 잘하는 것을 칭찬하지 않아도 됩니다. 전보다 긍정적인 변화가 있었다면 충분한 칭찬거리가 될 수 있습니다. 이러한 긍정적인 피드백은 학생에게도 필요합니다.

예를 들어 보겠습니다. 복도를 자주 뛰어다니는 '쌩쌩(가명)'이라는 학생이 있습니다. 쌩쌩이가 복도를 뛰어다니면 금방 눈에 보이겠죠. 그런데 쌩쌩이가 다른 날보다 덜 뛰었다면 그것을 알아채기란 쉽지 않습니다. 어느 날 '어라? 오늘은 쌩쌩이가 복도를 뛰는 모습을 못 봤네!'라는 생각이 들었다면 그날을 놓치지 말고 쌩쌩이에게 말해 주어야 합니다.

"쌩쌩아, 오늘은 복도를 뛰는 모습이 보이지 않던데, 지난번 선생님과 뛰지 않기로 한 약속을 지키려고 노력해 줘서 고맙구나."

틀려도 괜찮은 행복한 우리 반 『틀려도 괜찮아』

「틀렸다고 웃거나
바보라고 놀리거나
화내는 사람은 없어.
틀릴 땐 친구들이
고쳐 주고 가르쳐 주면 되지.
어려울 땐 선생님이
지혜를 내어 가르쳐 주면 되지.
그런 교실을 만들자.
……
이런 멋진 교실을 만들자.」

『틀려도 괜찮아』 마키타 신지 글, 하세가와 토모코 그림, 유문조 옮김, 토토북, 2018.

학습 주제		우리 반의 약속을 정해요.
관련 성취 기준	2015 개정 교육과정	[2바01-01] 학교생활에 필요한 규칙과 약속을 정해서 지킨다.
	2022 개정 교육과정	[2바01-01] 학교생활 습관과 학습 습관을 형성하여 안전하고 건강하게 생활한다. [2바01-03] 가족이나 주변 사람을 배려하며 관계를 맺는다.

수업의 개요

단계	활동	교수학습 자료
Great (만나기)	• 「꼭꼭 약속해」 노래 부르기 • 『틀려도 괜찮아』 그림책 만나기 • 공부할 문제와 활동 순서 확인하기	• 「꼭꼭 약속해」 노래와 율동 영상 https://youtu.be/8u4mGloGb-c (출처: 유튜브 '송곳니TV') • 쌓기나무(도미노)

Recognize (깨닫기)	• 우리 반 약속 정하기
Interaction (상호작용하기)	• 틀려도 괜찮아 놀이하기
Meaning (의미와 가치 찾기)	• 우리 반 공든 탑 쌓기

　학년 초 학급 세우기를 위한 그림책으로 『틀려도 괜찮아』 그림책을 선택했다. 틀린다고 놀리거나 화내는 사람이 없는, 서로 가르쳐 주고 도와주는 멋진 반을 만들기 위해 우리 반이 추구해야 할 가치와 약속을 함께 고민하며 정했다.

활동 과정

Great_만나기

「꼭꼭 약속해」 노래를 불러 봅시다.
그림책 『틀려도 괜찮아』를 들어 봅시다.

생각 질문

1. 틀릴까 봐 걱정돼서 아무 말도 하지 않는다면 어떻게 될까요?
2. 틀릴까 봐 걱정돼서 말을 하지 못했던 경험이 있나요?
3. '틀려도 괜찮아!'라고 생각하며 자꾸 말을 하다 보면 점점 어떻게 될까요?
4. 잘 모르는 문제나 어려운 문제를 만나면 어떻게 하면 좋을까요?

Recognize_깨닫기

'틀려도 괜찮아!'라고 말해 주는 행복하고 멋진 우리 반이 되기 위한 약속을 정해 봅시다.
- 우리 반은 어떤 반이 되면 좋을까요?
- 행복한 우리 반을 위한 소중한 '가치'를 정해 봅시다.
- 우리 반의 목표를 만들어 봅시다.
- 우리 반의 목표를 이루기 위해 지켜야 할 약속은 어떤 것이 있을까요?

우리 반 약속 정하기

마음껏 손들고 마음껏 말하고 마음껏 틀려도 좋은 행복한 우리 반이 되기 위한 우리 반의 목표와 약속을 정해 보는 활동입니다. 학년 초에 학급의 목표(비전)와 약속을 학생들과 함께 고민하며 정하는 '학급 세우기'는 꼭 필요한 활동입니다. 1학년에게는 어려운 활동이라 많은 선생님이 아이들과 이야기를 나누며 함께 활동하기보다는 선생님이 직접 설명하고 동의를 구하기도 합니다. 그러나 1학년도 그림책을 통해 쉽고 재미있게 할 수 있습니다.

1학년들은 '가치'라는 말이 낯설고 '가치 단어'도 잘 알지 못합니다. 네이버 어학 사전을 찾아보니 '가치'란 '인간의 욕구나 관심의 대상 또는 목표가 되는 진, 선, 미 따위를 통틀어 이르는 말'이라고 합니다. 얼마나 어려운 말인가요? 이 어려운 뜻을 1학년에게 적용하기 위해서는 예시 자료와 알기 쉬운 풀이말이 필요합니다.

가치 단어 예시 자료

　예시 자료를 통해 '가치'가 무엇인지 이해한 후에는 우리 반이 또 어떤 반이 되면 좋을지 다른 가치 단어도 생각해 보게 했습니다. 우리 반 친구들은 '지혜', '감동', '골고루 먹는' 우리 반이 되면 좋겠다고 이야기했어요. '지혜'는 가치 단어로 적합했지만 '감동'은 조금 애매했고 '골고루 먹는'은 '단어'로 보기 어려웠죠. 아이들의 뜻을 존중하기 위해 '감동'은 그대로 수용해 주고 '골고루 먹는'은 비슷한 뜻의 가치 단어인 '건강'으로 바꾸어 제시했습니다.

　우리 반 친구들이 선택한 가치 단어들을 칠판에 제시해 준 다음 우리 반의 목표 가치로 무엇이 좋을지 골라 보았습니다. 각자 원하는 가치 옆에 미니 자석 보드를 붙여 보게 했더니 '감동'과 '긍정'이라는 가치를 가장 많은 친구가 선택했습니다. 이렇게 선택된 가치들을 넣어서 우리 반의 목표, '급훈'을 정하게 되었는데요, 우리 반 친구들은 '감동'과 '긍정'을 선택한 친구들이 가장 많았습니다.

가치를 선택하는 아이들과 선택 결과: '감동', '긍정'

다음은 가장 많은 선택을 받은 가치 단어를 넣어서 우리 반 목표, 급훈을 정합니다. '감동'과 '긍정'이란 가치 단어를 아래 예시 문장에 넣은 후 표현을 다듬어서 목표를 만들었습니다.

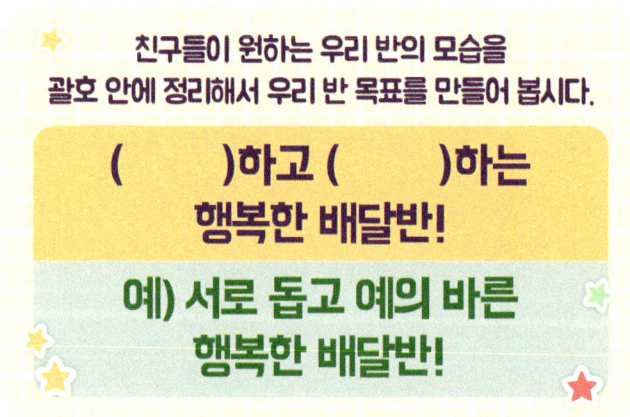

우리 반 목표 예시 문장

> **일러두기**
>
> 학급의 목표를 정할 때 학급의 이름을 만들어 보세요. '1학년 몇 반'이라고 평범하게 부르는 것도 나쁘지 않지만, 학급의 특성이나 비전을 넣은 이름을 만들면 소속감과 책임감을 갖는 데 도움이 됩니다. 예를 들어 가장 많은 선택을 받은 가치 단어가 '감동'이라면 '감동반'으로 이름을 만들어도 좋겠지요. 우리 반은 '배달반'이라는 이름을 미리 정했습니다. 2017년부터 학급 이름으로 '배달반'을 쓰고 있습니다. '배달반'은 '배려의 달인 반'이라는 뜻입니다. 그래서 제 닉네임도 '배달쌤'입니다. '배려의 달인을 키우는 선생님'입니다. 학년을 시작하는 첫날 학급 안내 자료를 통해 학급의 이름을 소개하고 뜻을 안내했습니다.

우리 반의 목표는 '감동을 주고 긍정적으로 생각하는 행복한 배달반'이 되었습니다.

목표를 정했다면 다음은 목표를 이루기 위해 필요한 약속을 정해 보는 활동을 합니다. '감동을 주고 긍정적으로 생각하는 우리 반'이 되려면 어떤 약속이 필요할지 생각을 말해 보게 했습니다. 이 활동을 할 때 '감동'이나 '긍정'과 같은 단어에 갇혀 어렵게 생각하지 않아도 됩니다. 『틀려도 괜찮아』 그림책 내용을 다시 떠올리며 이렇게 '멋진 우리 반'을 만들려면 어떻게 해야 할지 물어보고 아이들이 하는 이야기를 적극 수용하면서 문장으로 표현합니다. 학생들이 발표를 머뭇거린다면 바로 그때가 '틀려도 괜찮아!'라고 말해 줄 적절한 타이밍입니다.

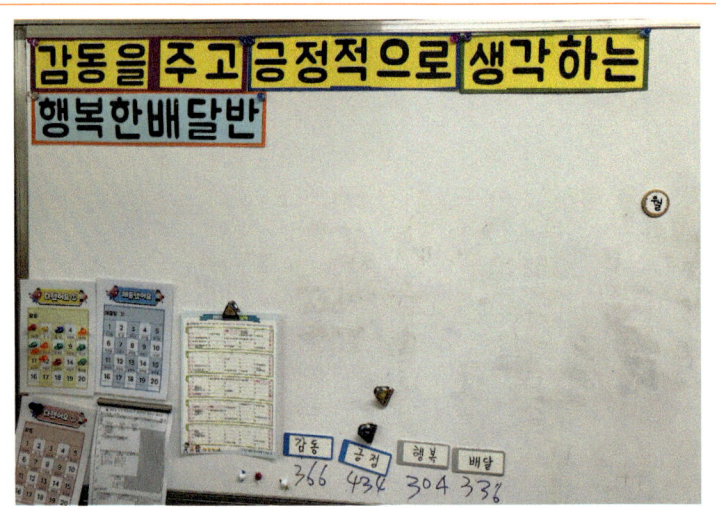

교실 앞 게시판에 붙여 놓은, 함께 정한 '우리 반 목표'

Interaction_상호작용하기

'틀려도 괜찮아!' 놀이를 해 봅시다.
- 선생님이 손가락 지시봉으로 가리키는 친구는 화면에 나오는 질문에 틀린 답을 말합니다.
- 답을 알고 있어도 틀린 답을 말해 봅시다.
- 친구가 틀린 답을 말하면 '괜찮아!'라고 말해 줍니다.

틀려도 괜찮아!

아주 간단하고 쉬운 단답형 문제를 학급 학생 수에 맞게 준비합니다. 손가락 지시봉으로 한 명씩 가리키며 화면으로 문제를 보여 줍니다. 문제의 답을 알고 있어도 일부러 모르는 척 틀린 답을 말하고 친구가 틀린 답을 말하면 다 같이 '괜찮아!'라고 말해 주는 놀이입니다.

이 놀이는 학생들이 무척 즐거워하는 놀이입니다. 문제는 틀린 답을 생각하는 것도 쉽지 않다는 거죠. 간단한 문제라서 맞는 답을 말하기가 훨씬 쉽답니다. 뻔히 아는 답을 피해서 일부러 틀린 답을 말하는 것은 어른도 쉽지 않죠. 그래서 우리 반 친구들도 자꾸 맞는 답을 말하는 바람에 '괜찮아!'라고 말해 주지 못했어요. 대신 맞는 답을 말한 친구에게는 '대단해!'라고 말해 주었습니다. 생각해 보니 틀린 답을 말해야 하는데 맞는 답을 했으니 그것도 틀린 답이기는 하네요.

아래는 '틀려도 괜찮아!' 놀이에 활용한 질문 예시입니다. 예시 질문 외에도 재미있고 다양한 질문을 만들 수 있습니다. 놀이하면서 즉흥적으로 만들어 보는 것도 재미있습니다. 놀이하다가 학생 중 누군가가 큰 소리로 웃었다면 '방금 가장 큰 소리로 웃은 친구 이름은 무엇일까요?'와 같은 질문을 만들 수 있겠죠. 또 즉석에서 '가위바위보'를 한 다음 '누가 이셨나요?'와 같은 질문을 만들거나 두 학생을 일어서 보게 한 다음 '누구 키가 더 큰가요?'와 같은 질문을 만들어도 좋습니다.

1. 우리 반은 1학년 몇 반인가요?
2. 우리 반은 몇 층에 있나요?
3. 우리 학교 이름은 무엇인가요?
4. 우리 선생님 이름은 무엇인가요?
5. 여러분은 몇 살인가요?
6. 학교에서 밥 먹는 곳은 무엇이라고 부르나요?
7. 1 다음 숫자는 무엇인가요?
8. 신호등은 무슨 색에 건너야 하나요?
9. 오늘은 무슨 요일인가요?

10. 오늘은 3월 며칠인가요?
11. 선생님이 입은 옷 색깔은 무엇인가요?
12. 아침, 점심을 먹은 다음에는 무엇을 먹나요?
13. 하나에 하나를 더하면 몇 개일까요?
14. 선생님이 펼친 손가락은 몇 개인가요?

'틀려도 괜찮아!' 놀이 질문 예시

Meaning_의미와 가치 찾기

행복한 우리 반을 꿈꾸며 '공든 탑'을 쌓아 봅시다.
- 선생님이 나누어 주는 쌓기나무(도미노)를 이용해서 여러분 책상에 높은 탑을 쌓아 봅니다.
- 한 층 한 층 쌓을 때마다 "행복한 우리 반", "즐거운 우리 반", "서로 돕는 우리 반"…. 이렇게 우리 반이 어떤 반이 되기를 소망하는지 말해 봅니다.
- 최대한 많은 소망을 말하며 최대한 높게 쌓아 보세요.
- 소망이 잘 생각나지 않는다면 같은 소망을 여러 번 말해도 괜찮아요!

우리 반 공든 탑 쌓기

수업+더하기

지난 금요일 「당신은 누구십니까?」 노래에 맞추어 이름 말하기 놀이를 할 때였다. 우리 반 순순(가명)이가 노래에 맞춰 이름을 말하지 못하자 바로 옆에 있던 똘망(가명)이가 속삭이듯 작은 소리로 "바보……."라고 했다. 작은 소리여서 다른 친구들은 듣지 못했지만, 놀이하기 위해 손가락 지시봉을 들고 가까이 서 있던 내 귀에는 또렷이 들렸다. 흠칫 놀란 나는 그 친구를 향해 몸을 낮추고 눈을 마주 보았다.

"아니야. 친구 속상하게 하는 말은 하지 말자. 친구가 실수하면 응원해 주고 잘할 때까지 기다려 주자."

내 말에 똘망이는 얼굴이 금방 빨개져서 고개를 끄덕였다. 아마 자기도 모르게 나온 말이리라.

1학년 훈육하기

1학년은 지금 선생님이 하는 말이 자기한테 하는 말인지도 잘 모르는 경우가 많습니다. 전체적으로 훈육하기보다는 개별로, 아이와 눈높이를 맞추고 마주 보면서 낮으면서도 분명하고 단호한 말투로 말하되 아이의 성품을 언급하지 말고 행동만 언급합니다. 표현은 되도록 짧고 간결하게 합니다. 목소리를 크게 하거나 소리를 지르는 것은 선생님이 엄청 화났다는 것을 알게 해 주지만 무엇을 잘못했고 어떻게 해야 하는지는 전달할 수 없습니다.

『틀려도 괜찮아』는 그래서 참 좋은 그림책이다. 작년에도 1학년을 담당해서 3월 첫 주에 이 수업을 했는데 이후 1년 내내 아이들은 누가 발표를 할 때 목소리가 작거나 잘못된 답을 말해도 "괜찮아! 할 수 있어!"라고 응원해 주었고 아이들은 점점 더 용기를 내 말할 수 있게 되었다.

처음에는 발표 시간에 손도 들지 못했던 친구가 어느 날 소심하게 작은 손을 들었을 때, 앞에 나와서 해야 할 말을 시작도 못 하고 고개를 숙인 채 몸만 비비 꼬던 친구가 어느 날 비록 모깃소리 같았지만 목소리를 내기 시작했을 때, 그리고 그 목소리가 조금씩 조금씩 커졌을 때, 나는 감동했고 행복했다. 그리고 그런 변화에 열렬한 응원을 보내 준 것은 나보다도 우리 반 아이들이었다.

"선생님, 지난번에는 소곤(가명)이 발표 소리가 안 들렸는데 오늘은 무슨 말 하는지 들렸어요!"

소곤이의 얼굴빛이 환해졌다. 친구들의 응원은 선생님의 칭찬이나 격려보다 힘이 세다!

규칙을 지키지 않으면? 『선생님은 몬스터!』

「바비는 종이비행기를 접어서
하늘로 날려 보냈어요.
날고
날고
또 날았어요.
"세상에 이렇게 멋지게 날아 본
종이비행기는 없을 거예요."

"그런 것 같구나."」

『선생님은 몬스터!』 피터 브라운 글/그림, 서애경 옮김, 사계절, 2015.

학습 주제		학교에서 지켜야 할 규칙을 알아봐요.
관련 성취 기준	2015 개정 교육과정	[2바01-01] 학교생활에 필요한 규칙과 약속을 정해서 지킨다.
	2022 개정 교육과정	[2바01-01] 학교생활 습관과 학습 습관을 형성하여 안전하고 건강하게 생활한다.

수업의 개요

단계	활동	교수학습 자료
Great (만나기)	• 『선생님은 몬스터!』 그림책 만나기 • 공부할 문제와 활동 순서 확인하기	• 어린이 복도 계단 안전 수칙 https://youtu.be/KM7Rm0UnI2Q https://youtu.be/R11bKKa7CJw (출처: 유튜브 '키즈현대')
Recognize (깨닫기)	• 지켜야 할 규칙 알아보기 • 복도와 계단 이용 방법 알아보기	
Interaction (상호작용하기)	• 줄 서기 놀이하기	

Meaning (의미와 가치 찾기)	• 배움 정리하기	

　피터 브라운의 그림책 『선생님은 몬스터!』는 흥미롭고 재미있는 요소가 구석구석 가득하다. 가장 큰 재미는 이 그림책에 나오는 커비 선생님의 모습 변화이다. 이야기 앞부분에서 선생님은 뾰족한 이빨과 커다란 콧구멍을 가진 마치 공룡 같은 모습이다. 그러나 뒷부분으로 갈수록 선생님의 모습은 조금씩 바뀌기 시작하고 마지막에는 커다란 눈과 하얀 얼굴로 바비에게 "잘했다, 바비." 하고 칭찬도 해 주는 다정한 모습으로 나온다. 그러다 다시 바비는 수업 시간에 종이비행기를 날리는 장난을 치는데 그 순간 커비 선생님의 모습이 살짝 몬스터로 변한다. 선생님의 모습이 왜 변하는지, 선생님이 어떨 때 몬스터로 변하는지 이야기를 나누며 학교에서 지켜야 할 규칙을 알아보았다.

활동 과정

Great_만나기

『선생님은 몬스터!』 그림책을 만나 봅시다.

생각 질문

1. 선생님의 원래 모습은 어떤 모습인가요?
2. 선생님은 왜 몬스터가 되었을까요? 어떨 때 몬스터가 될 것 같나요?
3. 선생님이 몬스터가 되지 않으려면 바비는 어떻게 해야 할까요?

Recognize_깨닫기

학교에서 지켜야 하는 규칙을 알아봅시다.
- 학교에서 차례를 지켜야 하는 곳은 어떤 곳이 있을까요?
- 복도와 계단을 안전하게 이용하는 방법은 무엇일까요?

학교에서 지켜야 하는 규칙 알아보기

사진, 영상, 삽화 자료를 화면으로 보여 주며 실내화와 실외화 구분하기, 신발장 정리하기, 수업 시간에 지켜야 할 규칙, 쉬는 시간에 지켜야 할 규칙에 대한 이야기를 나눕니다.

이 수업에서는 특별히 차례를 지켜야 하는 곳을 알아봅니다. 1학년이라 아직 학교의 여러 시설이 익숙하지 않고 줄을 서서 이용하는 습관이 부족하므로 학년 초에 기초 질서 교육이 필요합니다. 급식실과 화장실을 이용할 때, 단체로 이동할 때는 반드시 줄을 서야 한다고 강조합니다. 줄을 서지 않고 규칙을 지키지 않을 때 어떤 문제가 생길 수 있는지 이야기도 나눕니다.

복도와 계단 이용 방법

복도와 계단을 안전하게 이용하는 방법에 대한 영상을 시청하고 이야기를 나눕니다. 규칙을 지켜야 하는 까닭을 이해하는 것이 중요합니다. 안전을 위해 그리고 다른 사람에게 피해를 주지 않기 위해 규칙을 지켜야 한다는 것을 이해하고 실천을 다짐합니다.

너무나 당연하지만 이렇게 수업을 해도 아이들은, 특히 1학년은 매일매일 뜁니다. '복도나 계단에서 뛰지 않기'는 아무리 지도해도 소용없다는 생각이 들 정도예요. 그러면 무슨 생각을 해야 할까요? 네, 콩나물시루를 떠올려야 합니다. 말하고 또 말하고, 지도하고 또 지도하는 방법뿐입니다. 신기하고 놀라운 사실은 교사가 '아무리 말해도 소용없잖아.' 하고 지도를 멈추면 아이들은 더 세게, 더 많이 뛰어다닌다는 것입니다. 이 말은 우리의 지도 노력이 결코 '헛수고'는 아니라는 뜻입니다. 힘들겠지만 지치지 말고 꾸준히 일관된 태도로 "뛰지 마세요. 위험합니다."라는 말을 반복합시다.

Interaction_상호작용하기

조용하고 빠르게 '줄 서기' 놀이를 해 봅시다.
- 번호대로 줄 서기
- 키대로 줄 서기
- 마음대로 줄 서기

줄 서기 놀이하기

　줄 서기 놀이로 '번호 줄', '키대로 줄', '마음대로 줄' 세 가지 줄을 조용하고 빠르게 서는 연습을 할 수 있습니다. 타이머를 활용해서 '3분 안에 서기', '2분 안에 서기', '1분 안에 서기'에 도전해 봅니다. 줄을 서기 위해 뛰어오거나 소리를 지르면 바로 '도전 실패'입니다. 정해진 시간 안에 걸어서 조용히 자기 자리를 찾아 바르게 줄을 서면 '성공'입니다.
　우리 반 학생들은 첫 도전에 바로 40초 성공을 해 버렸습니다. 그래서

2분, 1분 도전은 할 필요가 없었어요. 처음 도전에서 성공한 시간을 고려해서 시간을 조정하는 것이 좋습니다. 30초 도전, 10초 도전 등으로 조정하면 되겠죠. 요즘 우리 반은 줄을 설 때 '10초 안에 서기'에 도전하고 있습니다. 10초 만에 줄을 서면 우리 반 '마음 신호등'에 초록불이 하나 켜집니다.

마음 신호등

우리 반에는 교실 앞 게시판에 '마음 신호등'이 있습니다. '마음 신호등'은 많은 선생님이 학급에서 활용하고 계신 '학급 온도계'와 비슷한데 1학년에 맞게 좀 더 간단한 규칙으로 운영합니다.

'마음 신호등'은 만들기도 간단한데요, 빨간색, 노란색, 초록색 색종이를 붙여 놓고 자석 세 개만 준비하면 완성입니다. 입학 첫날 '마음 신호등'에 대하여 학생들에게 안내했습니다.

"이것은 선생님의 마음을 나타내는 '마음 신호등'입니다. 노란색은 '괜찮아요. 편안해요.'입니다. 초록색은 '행복해요.'입니다. 빨간색은 '속상해요.'입니다. 평소에는 노란색에 자석이 3개 붙어 있을 거예요. 그러다가 속상한 일이 생기면 자석 하나가 빨간색으로 갑니다. 빨간 불 하나가 켜지는 거죠. 행복한 일이 생기면 자석은 초록색으로 갑니다. 초록불이 켜지는 거예요. 초록불이 3개 켜지면 신호등 위에 별 모양 자석이 붙어요. 그리고 이 별 모양 자석이 다섯 개 모이면 한 시간 동안 놀이 시간을 가질 거예요. 빨간불이 3개 켜지면 붙었던 별이 떨어집니다. 별이 없는데 빨간불이 3개가 켜지면 빨간불이 다 꺼질 때까지 별이 올라가지 않을 거예요."

이렇게 설명해 주고 어떨 때 선생님이 행복한지 속상한지도 말해 줍니다. 그리고 학생들이 규칙을 어기거나 바르지 않은 말이나 행동을 할 때 "탱탱이가 그렇게 말해서 선생님은 속상하구나. 이번은 선생님이 참을게. 다음부터 조심해 줄래?"라고 하면 엄청 조심합니다. 저는 3번쯤 주의를 주고 참다가 또 그러면 '어쩔 수 없지.' 하며 빨간불을 켜요. 이때 다른 친구들이 그 친구에게 뭐라고 하면 더 속상하다고 하면서 빨간불을 하나 더 켜요.

"친구 때문에 빨간불이 켜졌다고 뭐라 하면 선생님은 더 속상해요. 빨간불이 켜지면 다 같이 다시 행복한 교실을 만들어요. 그럼 빨간불은 꺼지고 초록불이 켜질 거예요."

초간단 색종이로 만든 마음 신호등과 어디서 얻어 온 별 자석:
별 자석은 굳이 별 모양이 아니어도 돼요. 하트도 좋을 듯합니다.

우리 학교는 '놀이 교실'이 있어서 별 다섯 개를 모으면 '놀이 교실'에 가기로 약속되어 있어요. '놀이 교실'이 아니더라도 '놀이터'나 '강당'에서 놀이하는 시간을 가지면 됩니다.

『선생님은 몬스터!』 수업하던 날 줄 서기 놀이를 너무 잘해서 초록불이 파바밧! 파바밧! 켜지고 별 자석을 두 개나 붙일 수 있었답니다. 물론 아이들 기분은 최고였죠.

Meaning_의미와 가치 찾기

무엇을 알게 되었나요?
어떤 느낌이 들었나요?
무슨 생각을 했나요?

수업+더하기

『선생님은 몬스터!』 그림책을 펼치고 선생님 그림이 나오자마자 '와하하하' 웃음이 터져 나왔다.

"선생님이 너무 못생겼어요!"

"그래? 선생님 모습을 잘 살펴보면서 그림책을 읽어 봅시다."

그림책을 끝까지 읽은 다음 처음 선생님의 모습과 뒷부분에 나오는 모습 그림을 보여 주고 생각 질문으로 이야기를 나누었다.

"선생님의 원래 모습은 어떤 모습일까요?"

"예쁘세요."

"그럼 처음 선생님은 왜 몬스터 모습으로 보였을까?"

"바비가 선생님을 무서워해서요."

"바비는 선생님이 왜 무서웠을까요?"

"바비한테 화를 내서요."

"선생님은 왜 바비에게 화를 내셨을까?"

"바비가 수업 시간에 종이비행기를 날렸어요."

"그럼 선생님이 몬스터가 되지 않으려면 어떻게 해야 할까요?"

"수업 시간에 장난치면 안 돼요!"

"돌아다녀도 안 돼요!"

"공부를 열심히 해야 해요!"

"그렇군요! 선생님도 커비 선생님처럼 몬스터가 될 수도 있어요. 선생님 마음 신호등에 빨간불이 자꾸 켜져서 속상하고 속상하고 속상해지면 선생님도 크아앙! 하고 큰소리를 내며 화를 낼 수도 있으니까 모두 선생님이 몬스터가 되지 않도록 도와주세요!"

"네!"

선생님은 몬스터

"선생님! 우체통(통신문용 L자 파일)이 없어졌어요."
"잘 찾아 봤니?"
"네. 아무리 찾아도 없어요."
"서랍은?"
"없어요."
"사물함은?"
"없어요."
"가방에는?"
"없어요."
"집에 가져가서 혹시 안 가져왔니?"
"아침에는 있었는데요!?"
"선생님이 찾아 보고 나오면 혼난다!"
"다시 찾아 볼게요."

잠시 후.

"진짜 없어요! 누가 가져갔나 봐요."
 벌떡 일어나 쿵쾅쿵쾅 학생 자리로 가는 나는야 무서운 선생님! 몬스터 변신! 찾기만 해 봐라! 왜 혹시나는 항상 역시나일까? 의문 속에 금세 책상 서랍 속 교과서 사이에 끼워져 있는 우체통을 찾아냈습니다. 무시무시한 표정으로 하얗게 질린 얼굴을 한 학생 눈앞에 우체통을 흔들어 봅니다.
 "이건 뭐지?"

 "……."

 1학년 교실에서는 이런 상황이 일상다반사죠. 평소 물건을 제자리에 잘 정리하는 습관을 기르도록 꾸준히 반복해서 지도해야 합니다(물론 그래도 비슷한 상황이 일어나긴 하지만 빈도를 줄여 봅시다). '반복'의 힘을 믿으며 오늘도 고장 난 라디오처럼 같은 멘트를 반복합니다.

 "교과서는 서랍 왼쪽에 넣으세요." 4번 반복
 "안내장을 받았으면 우체통에 넣으세요." 5번 반복
 "우체통이랑 알림장은 가방에 넣으세요." 5번 반복
 "가방 지퍼를 닫으세요." 3번 반복
 "일어나서 의자를 넣으세요." 10번 반복
 "겉옷을 입으세요." 5번 반복
 "가방을 메세요." 3번 반복

 잊지 맙시다!
 1학년은 한 번에 하나씩! 두 개의 지시 사항을 연결하면 안 됩니다. '겉옷 입고 가방 메세요.'는 안 됩니다. 순서가 바뀌어도 안 됩니다. 이럴 때 필요한 것은 컴퓨팅 사고력! 이것은… 코딩입니다!

마법 같은 긍정의 힘 『괜찮아』

「나는 높이 닿아.
나는 빨리 달려.
나는 잘 기어가.
나는 무섭지 않아.
나는 힘이 세.
그럼 너는?
괜찮아!
나는 세상에서 가장 크게
웃을 수 있어.」

『괜찮아』 최숙희 글/그림, 웅진주니어, 2005.

학습 주제		나의 자랑과 꿈을 말해요.
관련 성취 기준	2015 개정 교육과정	[2슬01-04] 나의 과거와 현재 모습을 통해서 재능과 흥미를 찾고, 이에 근거하여 미래의 모습을 예상한다.
	2022 개정 교육과정	[2슬01-02] 나를 탐색하여 나에 대해 설명한다.

수업의 개요

단계	활동	교수학습 자료
Great (만나기)	• 「나는 나는 자라서」 노래 부르기 • 『괜찮아』 그림책 만나기 • 공부할 문제와 활동 순서 확인하기	• 「나는 나는 자라서」 노래 영상 https://youtu.be/ROnP2-aT—c (출처: 유튜브 '박상문 뮤직 웍스') • A4 도화지, 크레파스
Recognize (깨닫기)	• 나의 자랑 찾아 발표하기 • 나의 꿈 발표하기	
Interaction (상호작용하기)	• 꿈 표현하기	
Meaning (의미와 가치 찾기)	• 배움 정리하기	

『괜찮아』 그림책은 최숙희 작가님의 그림책이다. 작가님의 따뜻하고 귀여운 그림체와 긍정 메시지로 가득한 내용이 읽을 때마다 웃음 짓게 한다. 자신의 약점을 부끄러워하기보다 강점으로 바꾸어 생각하는 긍정의 힘과 자존감을 우리 친구들이 가졌으면 좋겠다.

공부를 못해도, 뚱뚱해도, 몸이 약해도, 키가 작아도 괜찮다고…. 나는 친구랑 잘 놀 수 있고, 나는 크게 웃을 수 있고, 나는 책을 읽을 수 있고, 나는 밥을 잘 먹어서 괜찮다고…. 스스로를 자랑스러워하는 우리 반 친구들이 되길 바라면서 수업을 준비했다.

활동 과정

Great_만나기

「나는 나는 자라서」 노래를 듣고 따라 불러 봅시다.
그림책 『괜찮아』를 만나 봅시다.

생각 질문

1. 개미는 작지만 왜 괜찮을까요?
2. 가시가 많은 고슴도치는 왜 괜찮을까요?
3. 뱀은 다리가 없지만 왜 괜찮을까요?
4. 타조는 날 수 없지만 왜 괜찮을까요?
5. 기린은 목이 길지만 왜 괜찮을까요?
6. 우리 친구들은 아직 어리고 작은 1학년이지만 무엇을 잘할 수 있나요?

Recognize_깨닫기

그림책에 나온 친구들처럼 '나의 자랑'을 찾아서 발표해 봅시다.
- 선생님은 키가 작아요. 그래도 괜찮아요. 목소리가 아주 크거든요. 쩌렁쩌렁 큰 소리로 말할 수 있어요. 여러분은 무엇을 잘할 수 있나요?
- 친구들은 자라서 무엇이 되고 싶나요?

나의 자랑 찾아 말하기

그림책에 나온 인물들과 같이 내가 무엇을 잘할 수 있는지 발표해 보게 합니다. 필요하다면 다른 예시를 더 들어 주어도 좋습니다.

나의 자랑 발표 예시 자료

1학년이 아니라면 '나는 ○○○합니다. 그래도 괜찮습니다. 왜냐하면 □□□이기 때문입니다.'라는 형식의 문장으로 말해 보게 하고 싶었습니다. 그런데 이 문장 형식은 1학년에게는 길고 어려운 표현이라 예시와 같이 그냥 '저는 △△△을 잘할 수 있습니다.'로 발표해 보게 했습니다.

나의 꿈 발표하기

여러 가지 직업 관련 삽화 자료를 보여 주며 학생들이 되고 싶은 직업을 떠올려 보게 합니다. 그 직업이 어떤 일을 하는 직업인지 알아봅니다. 직업을 탐색한 후 내가 하고 싶은 일, 되고 싶은 직업을 말해 보도록 합니다. 제시된 직업 중에서 고를 수도 있고 다른 직업을 떠올려 발표해도 됩니다.

발표에 자신 없는 아이 돕기

▶ 발표에 사용할 표현을 문장형으로 형식화해서 공식처럼 만들어 알려 주세요.

"'저는 ○○○이 되고 싶습니다.'라고 말해 보자."

▶ 그래도 안 된다면 발표 내용에 대하여 아이와 먼저 대화를 한 후 따라서 말하게 합니다.

"자라서 무엇이 되고 싶어? 경찰? 멋지구나. 그럼 선생님을 따라서 말해 보자. '저는 경찰이 되고 싶습니다.'"

따라 말하기도 어려워한다면 한 단어 한 단어 끊어서 따라 말하게 합니다.

▶ 첫 번째 단어를 말해 주고 "시작"을 외쳐 줍니다.

"'저는…' 하고 발표해 보세요. 시~작!"

▶ 목소리가 너무 작다면 아이의 발표 내용을 선생님이 먼저 잘 들어 준 후 다른 학생들에게 전달해 줍니다. 그리고 다음엔 더 큰 소리로 말해 보자고 격려해 주세요. 다른 학생들에게 "어디까지 들렸나요?"라고 물어보고 "곰곰(가명)이한테까지 들렸구나. 다음엔 든든(가명)이한테까지 들릴 수 있게 조금만 더 용기 내 보자. 소심(가명)이가 용기 낼 수 있게 손뼉 크게 쳐 주세요!"라고 응원해 주면 조금씩 목소리가 커집니다. 다음번에 조금 더 목소리가 커졌을 때 "많이 발전했구나!" 하고 칭찬도 꼭 합니다.

▶ 발표할 때 용기를 낼 수 있게 선생님이 학생 뒤에 서서 어깨를 살짝 잡아 주거나 머리를 잠깐 쓰다듬어 주는 등 신체적 언어로 격려해 주는 것도 좋습니다!

원마커 활용하기

원마커를 활용한 다양한 놀이는 유튜브 영상에 많이 나와 있습니다. 원마커는 놀이가 아닌 학급 경영에도 유용하게 활용이 가능한 도구입니다. 특히 1학년한테는 정말 유용합니다.

1. 발표 자리를 정해 줍니다.

저는 숫자 원마커를 사용하는 중인데 발표 자리를 정해 줄 때는 숫자는 상관없어요. 원마커 하나를 교실 앞, 가운데 바닥에 놓아두고 원마커 위에 서서 발표하게 합니다. 1학년 친구들은 발표할 때 몸을 많이 움직이거든요. 다리를 계속 움직인다든지 몸을 왔다 갔다 하거나 흔들기도 하죠. 원마커 위에 서서 발표하게 하면 원 밖으로 나가지 않으려고 하다 보니 자연스럽게 바르게 서서 발표합니다.

2. 검사받는 자리와 순서를 정해 줍니다.

검사를 받을 때 어디에 어떤 순서로 서야 하는지 원마커로 표시해 줍니다. 이때는 숫자가 있는 원마커가 좋지만 숫자가 없어도 괜찮아요. 저는 1부터 5까지 원마커를 순서대로 바닥에 놓아두고 차례차례 줄을 서게 합니다. 5번 뒤부터는 숫자가 없어도 앞에 선 것처럼 차례차례 서라고 하면 잘 서요.

저는 줄을 서는 동선과 검사를 받은 후 자리로 돌아가는 동선을 정해 주어서 서로 부딪히지 않고 움직일 수 있게 합니다. 우리 반 친구들은 3일 정도 연습하고 나니 이제 원마커 없이도 줄을 잘 설 수 있게 되었어요.

3. '타임아웃' 자리를 정해 줍니다.

정해진 규칙을 어기거나 위험한 행동을 했을 때, 다른 친구에게 피해를 주거나 수업을 방해할 때, 자주는 아니지만 가끔 '타임아웃' 방법을 활용합니다. 수업 시간에는 하지 않고 쉬는 시간에 하되 시간은 3분이 적당합니다(3분 이상 가만히 있는 것은 1학년에게 힘들 수도 있습니다).

이것도 '아동학대'가 될까 봐 조심스럽긴 해요. 지금까진 단 한 명도 싫어하지 않고 오히려 재미있다고… "선생님, 또 하고 싶어요."라고 했는데…. 만약 싫은 기색이 보이거나 하기 싫다고 하면 강제로 시키지는 않고 "3분 정도 조용히 생각할 수 있을까?" 또는 "3분간 가만히 서서 기다리는 연습을 해 보면 어떨까?"라고 물어보고 동의를 받는데 정말 다들 기꺼이 즐겁게 '타임아웃'을 하려고 한답니다.

'타임아웃'은 '모래시계'를 함께 활용합니다. 3분 모래시계를 들고 원마커 위에 서서 기다리고 참고 생각하는 시간을 갖게 합니다. 원마커가 없으면 '타임아웃'하는 동안 쉴 새 없이… 정말 쉴 새 없이 움직여요.

'타임아웃' 중에 움직이거나 소리를 내면 "아이고! 3분 참기 도전에 실패했구나. 한 번 더 도전해 보자." 하면서 새로운 '모래시계'로 다시 시작하거나 '모래시계'를 한 번 더 뒤집습니다. 여러 명이 함께 '타임아웃'을 한다면 꼭 서로 거리를 띄워야 합니다.

다양하게 활용 가능한 원마커와 모래시계

4. 줄 서기에 활용합니다.

기준이 되는 친구들의 자리만 원마커로 표시하고 줄을 맞출 수 있게 도와줍니다. 강당이나 운동장 조회 시에도 원마커를 한두 장 가지고 나가서 '우리 반 자리는 여기!'라고 기준을 정해 주면 줄 서기가 한결 편리합니다.

이 외에도 모둠 자리 표시 등 다양한 자리 표시에 활용해 보세요(예시: "1모둠은 여기, 2모둠은 여기로 모이세요!"). 역할극 동선 표시, 대기 줄 표시 등등 원마커의 용도는 무궁무진!

1학년 발표 지도

앉아서 질문에 대답하거나 발표할 때 제가 손을 안 들고 그냥 질문하면 친구들도 손을 들지 않고 앉은 채로 편하게 바로 대답하게 합니다. 주로 단답식 질문에 대한 답을 말하게 할 때 손을 들지 않고 발문을 합니다.

문장형이나 서술형으로 발표할 필요가 있을 때는 제가 손을 가슴 높이로 들고 발문을 합니다. 선생님이 손을 들고 물으면, 손을 들고 말할 기회를 얻은 후에 대답하도록 지도합니다.

친구 발표를 잘 듣도록 하고 싶을 때 발표할 친구가 말하기 전에 귀를 기울이는 동작과 함께 "○○이가 발표합니다. 다 같이 잘 들어 주자. 들어 주자. 들어 주자. (집중할 때까지 반복) ○○야(안 듣고 있는 친구 이름), 잘 들어 주자. 들어 주자." 이렇게 반복해서 말합니다. 아이들이 발표자에게 집중하기 시작하면 발표를 시작하게 합니다.

"저요! 저요!" 하면 발표 기회를 주지 않습니다. 자세가 바르지 않아도 안 됩니다. 손 든 친구는 특별한 일이 없는 한 모두 기회를 주되 1번에 하나씩만 말하게 합니다.

"○○도 있고 □□도 있고 △△도 있고……."

이런 식은 안 됩니다. 다른 친구에게도 말할 기회를 주어야 하니까 하나씩만 말하자고 설명해 줍니다.

하나의 발문(주제)에 1번만 발표 기회를 줍니다.

"또 있어요! 하나 더 있어요! 다른 생각이 났어요!"

안 됩니다. 물론 수업 내용이나 주제와 관련 없는 발표도 안 됩니다.

Interaction_상호작용하기

꿈을 이룬 내 모습을 그림으로 표현해 봅시다.

꿈 표현하기

꿈을 이룬 미래의 내 모습을 상상해서 그림으로 그려 봅니다. 도화지에 크레파스로 그림을 그립니다. 도화지는 A4 크기의 도화지나 16절 도화지를 사용합니다. 밑그림은 연필로 그리고 바탕색은 칠하지 않습니다.

1학년은 그림을 정말 많이 그립니다. 특히 문자 해득 전 1학년 1학기에는 문자로 할 수 있는 활동을 그림으로 대신해야 해서 그림 그릴 일이 정말 많습니다. 그림 그리기를 좋아하는 1학년이지만 화지가 넓거나 색칠을 많이 해야 하면 부담이 됩니다. 그래서 화지는 A4나 16절 크기로 제공하고 바탕색은 생략했습니다.

1학년 그리기 지도

  1학년에게 그림 그리기를 지도할 때는 자세한 안내와 설명이 필요합니다. 먼저 어떤 그림을 그려야 하는지 주제를 분명하게 전달하고 그림을 그리는 단계와 단계마다 필요한 준비물을 안내합니다. 다 그린 다음에는 어떻게 해야 하는지도 안내합니다. 밑그림을 그리면 중간 검사를 한번 받아야 합니다. 밑그림 검사를 하지 않고 바로 색칠을 하게 하면 작품의 완성도가 현저히 떨어집니다. 물론 아이들의 그림은 어떤 그림이라도 의미 있는 그림이지만 그림 그리는 활동으로 끝나지 않고 배움이 일어나려면 선생님의 지도는 있어야 합니다. 아래 예시처럼 학생들에게 자세하게 안내해 주세요.

나의 꿈 그리기

주제: 꿈을 이룬 내 모습 그리기

방법:

밑그림 그리기(도화지, 연필, 지우개)

⇩

선생님께 검사받기

⇩

색칠하기(크레파스) – 바탕색은 칠하지 않아도 됩니다.

⇩

다 완성한 사람은 선생님께 그림 내기

⇩

그림을 낸 사람은 조용히 책 읽기

그림 그리기 활동 안내 예시

Meaning_의미와 가치 찾기

친구들의 발표 중에서 친구가 잘하는 것이 무엇이었는지 또 친구의 꿈은 무엇이었는지 기억나는 것을 말해 봅시다.
친구의 발표 모습에서 좋은 점을 찾아 칭찬하는 말을 해 봅시다.
– 발표하는 자세가 바른 친구는 누구였나요?
– 발표하는 목소리가 또박또박 잘 들린 친구는 누구였나요?
– 발표하는 내용이 재미있거나 기억에 남는 친구는 누구였나요?

배움 정리: 생각과 느낌 나누기

'나의 자랑과 꿈 발표하기' 활동에서 친구들의 발표를 집중해서 들어야 나중에 잘 기억할 수 있다고, 미리 '경청'할 것을 부탁합니다. 발표가 끝날 때마다 한 번씩 더 "동동(가명)이의 꿈은 무엇이라고 했나요?"라고 물어 주면 기억하는 데 도움이 됩니다.

기억을 많이 할수록 배움 정리에서 이야기를 활발하게 나눌 수 있습니다. 잘 생각나지 않으면 친구들이 완성한 '꿈 그림'을 보고 발표해 보게 합니다(꿈 표현하기 활동 결과물은 미리 자석으로 칠판에 붙여서 게시합니다). 친구들의 그림을 보여 주고 누구의 그림인지 어떤 꿈을 이룬 모습인지 맞혀 보게 하는 것도 좋습니다.

친구 발표 모습 칭찬하기는 일종의 동료평가입니다. 친구의 발표 모습에서 좋은 점을 찾기도 어려운데 그것을 말로 하기란 1학년에게는 너무 힘든 일이죠. 그래서 "발표 자세가 바른 친구는 누구였나요?" "목소리가 또박또박 잘 들린 친구는 누구였나요?" "발표 내용이 재미있거나 기억에 남는 친구는 누구였나요?"라고 발문을 다양하게 던져 보았

> 습니다. 그리고 자세가 바른 친구 이름을 말하면 "'○○는 바른 자세로 발표했습니다.'라고 말해 봅시다." 이렇게 칭찬하는 말로 바꾸어 표현해 보게 했습니다.

수업+더하기

"저는 다리 찢기를 잘합니다."
"어머 정말? 보여 줄 수 있나요?"
"네!"
(다리 쫘악!)
"(다 같이) 우와!!!"
"저는 앞구르기를 잘합니다."
"진짜? 우리 반에는 놀이 매트도 있는데 이따 쉬는 시간에 보여 줄래요?"
"네! 이따 보여 드릴게요."
"저는 종이접기를 잘합니다."
"저는 신나게 잘 놉니다."

우리 반 친구들의 발표가 하나같이 소중하고 귀해서 책으로 가득 찬 책꽂이를 볼 때처럼 마음 뿌듯했다.

앞구르기 친구는 쉬는 시간에 까먹지도 않고 옆에 와서 "선생님, 이것 보세요!" 하면서 데굴데굴 연속 앞구르기를 보여 주었다. 아마 꿈 그림을 그리는 내내 그 친구는 '이따 선생님한테 앞구르기 보여 드려야지!' 하고 생각하고 있었으리라.

그리고 꿈 발표 시간 가장 기억에 남는 땡글(가명)이의 꿈!

"저는 슈퍼맨이 되고 싶습니다!"

"아…… 정말…… 정말 멋진 꿈이구나! 모두 박수!"

"짝짝짝짝!"

> ### 초식공룡의 꿈
>
> 10여 년 전, 저랑 나이가 같은 동료 샘이랑 '우리 아들' 이야기를 하다가 "우리 아들은 꿈이 맨날 바뀌어."라고 제가 걱정하니 그 샘이 부러워하면서 했던 말이 불현듯 떠오릅니다.
>
> "아휴…. 그래도 그 집 아들은 꿈이 사람이잖아. 우리 아들이 꿈이 '초식공룡'이야. 그냥 공룡도 아니고 '초식공룡'…. '초식공룡'이 더 크고 멋지대."

두 귀를 쫑긋! 두 눈을 반짝!『내 말 좀 들어 주세요, 제발』

「"왜 그러니? 무슨 일 있어?"
바로 옆에서 작은 목소리가 들렸어요.
파리 한 마리가 풀줄기에 앉아
호기심 어린 눈으로 곰을 바라보고 있었어요.
"아, 그 얘기는 꺼내고 싶지 않아."
곰이 말했어요.
"아무도 내 얘기를
 귀 기울여 들으려고 하지 않아."
"내가 들어 줄게. 무슨 얘긴데?"」

『내 말 좀 들어 주세요, 제발』
하인츠 야니쉬 글, 질케 레플러 그림, 김라합 옮김, 상상스쿨, 2020.

학습 주제		다른 사람의 말을 바른 자세로 들어요.
관련 성취 기준	2015 개정 교육과정	[2국01-05] 말하는 이와 말의 내용에 집중하며 듣는다.
	2022 개정 교육과정	[2국01-02] 바르고 고운 말로 서로의 감정을 나누며 듣고 말한다. [2국01-02] 상대의 말을 집중하여 듣고 말 차례를 지키며 대화한다.

수업의 개요

단계	활동	교수학습 자료
Great (만나기)	• 「경청송」 듣기 • 『내 말 좀 들어 주세요, 제발』 그림책 만나기 • 공부할 문제와 활동 순서 확인하기	• 「경청송」 노래 영상 https://youtu.be/-LhgWO7D2YA (출처: 유튜브 '바른가치미덕학교') • 청기, 백기
Recognize (깨닫기)	• 바르게 듣는 자세 알아보기 • 바른 자세로 이야기 듣기	

Interaction (상호작용하기)	• 경청 놀이하기	
Meaning (의미와 가치 찾기)	• 배움 정리하기	

『내 말 좀 들어 주세요, 제발』 그림책은 글밥이 많은 그림책이다. 그림책을 읽는 데 시간이 오래 걸리는 편이라 그림을 꼼꼼하게 살펴보지 못하고 속도감 있게 이야기를 읽어 주어야 했다. 대신 종이책을 학급 문고에 비치해 놓고 수업 후에도 읽어 볼 수 있도록 안내했다.

이 책은 고민을 들어 주지 않고 자기 말만 하는 사람들 때문에 실망한 곰에게 "내가 들어 줄게."라고 다가와 이야기를 들어 주는 파리의 모습을 보여 주며 '경청'에 대하여 생각해 보게 한다. 잘 들어 주고 공감해 주는 것은 배려의 시작이다. 올바른 '경청'의 태도를 배워 '배려의 달인'으로 성장하기를 소망하며 수업을 준비했다.

활동 과정

Great_만나기

「경청송」 노래를 들어 봅시다.
『내 말 좀 들어 주세요, 제발』 그림책을 만나 봅시다.

생각 질문

1. 곰에게는 어떤 문제가 있었나요?
2. 곰은 말을 하려고 누구누구를 찾아갔나요?
3. 결국 곰의 말을 들어 준 것은 누구였나요?
4. 친구의 말을 왜 잘 들어 주어야 할까요?

Recognize_깨닫기

선생님의 말을 바른 자세로 듣는 친구를 찾아 봅시다.
바른 자세로 들을 때 좋은 점은 무엇일까요?
바른 자세로 『토끼와 거북이』 이야기를 들어 봅시다.

바르게 듣는 자세 알아보기

삽화 자료를 보여 주고 바른 자세로 듣는 친구를 찾아 보게 합니다. 바른 자세로 듣는 학생과 그렇지 못한 학생이 함께 있는 교과서 그림(저는 경상북도 교육청 『우리들은 1학년』 교과서 그림을 활용했습니다.)을 보면서 바른 자세로 듣는 친구를 찾아 스마일 모양의 붙임 딱지를 붙여 보게 했습니다.

바른 자세로 들으면 좋은 점이 무엇일지에 대한 이야기도 나눕니다.
제가 의도한 답은 "말을 잘 알아들을 수 있어요." "말하는 사람이 힘들지 않아요." "다른 사람에게 방해가 되지 않아요." 등이었는데 제가 의도한 답 외에도 비슷한 표현의 다른 답들이 여러 번 나왔어요. 모든 답을 긍정적으로 수용해 주되 비슷한 답이 계속 반복되지 않도록

> "친구의 발표를 잘 듣고 비슷한 생각이면 손을 내려 주세요. 다른 생각이 있다면 발표해 봅시다."라고 계속 말해야 했습니다.

1학년 발표, 손은 들어 놓고 말을 하지 않을 때

1학년들은 발표하겠다고 손을 들어서 "말해 보세요." 하고 기회를 줘도 멀뚱멀뚱 아무 말 못 하고 시간만 보내는 경우가 허다하죠. 그냥 무시하려니 상처받을 것 같고 기다리자니 미치겠고…. 저는 그럴 땐 과감하게 넘깁니다.

"생각할 시간이 필요한가요? 괜찮아요. 갑자기 생각이 나지 않을 수도 있어요. 좀 더 생각해 보고 생각이 나면 다시 손을 들어 주세요."

그리고 나중에 그 친구가 다시 손을 들면 꼭 기회를 줍니다. 이렇게 했더니 우리 반 친구들은 손 들고 발표 기회가 왔는데 생각이 나지 않으면 "조금 더 생각해 볼게요." 하고 스스로 말하더라고요.

발표를 위한 발문을 하기 전에 미리 "손 들기 전에 말할 내용을 먼저 생각하고 손을 듭시다."라는 말도 자주 해 줍니다.

아이들의 발표에 대한 리액션도 중요해요. 언어적인 리액션과 함께 신체적인 리액션도 같이 해 줍니다.

다소 바르지 않은 답이 나왔을 때도 완전 주제에 어긋난 오답이 아니라면 "그래, 그것도 좋은 생각이구나. 그럴 수도 있겠지."라고 받아 줍니다. 오개념이 우려되는 오답이라면 "다시 한번 생각해 볼까? 선생님 질문은 ○○○였어요." 하고 발문을 좀 더 명료화시켜 주면서 다시 생각할 기회를 줍니다.

바른 자세로 이야기 듣기

이야기를 듣기 전에 '토끼'와 '거북이' 중 한 가지 역할을 선택하게 합니다. 역할을 선택하면 『토끼와 거북이』 이야기를 들려줍니다. 바른 자세로 경청하다가 '토끼' 역할 친구는 '토끼'라는 말이 나올 때마다, '거북이' 역할 친구는 '거북이'라는 말이 나올 때마다 만세를 합니다.

『토끼와 거북이』 이야기 들으면서 만세하기

Interaction_상호작용하기

'가라사대' 놀이를 해 봅시다.
'청기 백기' 놀이를 해 봅시다.

'가라사대' 놀이하기

 선생님이 말 앞에 '가라사대'라는 말을 붙이면 그 말대로 행동합니다. 선생님이 '가라사대'라고 말하지 않고 하는 말은 따라 하면 안 됩니다.

예시:
"가라사대 왼손을 드세요!"
왼손을 듭니다.
"내리세요!"
내리면 안 됩니다.

'청기 백기' 놀이하기

 선생님이 나누어 준 파란 색종이는 오른손에 하얀 종이는 왼손에 듭니다. 파란 색종이는 '청기', 하얀 종이는 '백기'라고 알려 줍니다. 선생님이 하는 말을 잘 듣고 말하는 대로 행동합니다.

예시:
"청기 올려!"
파란 색종이를 올립니다.
"백기 올리지 마!"
백기는 올리지 않습니다.

 앞서 '가라사대' 놀이할 때 "선생님 말을 잘 들어야 할 수 있는 놀이

예요. 놀이하면서 선생님 말을 잘 듣도록 연습해 봅시다."라고 했더니 '청기 백기 놀이' 설명할 때 우리 반 깜찍(가명)이가 "선생님! 이것도 선생님 말을 잘 들어야 하는 놀이네요."라고 했어요. 딩동댕!

저는 흰색 종이와 파란색 종이를 깃발 모양으로 잘라서 나누어 주고 빨대도 2개 나누어 줬어요. 그리고 테이프로 아이들이 직접 청기 백기를 만들어 보게 한 후 놀이를 했습니다. 만들기도 재미있어했어요.

어쩌면 당연한 일이지만 아이들이 '청'과 '백'을 구분하기 어려워하더라고요. '청'이 파란색, '백'이 하얀색이라고 여러 번 반복해서 알려 주고 청기와 백기를 드는 연습도 여러 번 해 본 다음 놀이를 했습니다.

'청기 백기' 놀이를 하며 즐거워하는 모습

Meaning_의미와 가치 찾기

무엇을 알게 되었나요?
느낀 점은 무엇인가요?
앞으로 노력할 점은 무엇일까요?

배움 정리하기

바르게 듣는 자세를 직접 해 보라고 하면 잘하는데 말로 설명해 보라고 하니 어려워했어요.

"눈은 어떻게 해야 할까요?"

"자세는 어떻게 해야 할까요?"

발문 내용을 구체화해서 말할 수 있도록 했습니다.

바르게 들을 때 좋은 점을 물었더니 "잘 들어야 선생님이 하라고 하는 걸 안 틀리고 쉽게 할 수 있어요."라고 말해 준 총명(가명)이! 기특하고 고마웠습니다.

1학년은 돌아서면 까먹는 나이! 배운 내용을 정리하기 전에 칠판에 판서로 제시해 놓은 활동 안내를 차례차례 한 번씩 되짚어 줍니다. 저는 칠판에 단원명, 공부할 문제, 활동 안내 등 수업의 흐름을 꼭 쓰려고 노력합니다. 사소하지만 중요하더라고요. 이렇게 칠판에 써 두고 마지막 배움 정리 시간에 공부할 문제는 무엇이었는지 어떤 활동을 했었는지 한 번 더 짚어 주면 한 차시 내내 공부해 놓고도 뭘 배웠는지 까먹던 친구늘도 기억을 떠올리기가 한결 수월해집니다.

수업+더하기

이번 수업은 놀이가 많은 수업이라 학생들이 무척 즐거워하며 참여했다. 수업할 때 아이들이 신나서 열심히 하면 교사도 즐겁다. 아이들이 지루해서 몸을 어쩔 줄 몰라 하며 늘어지면 말 한마디 하기도 버거울 만큼 교사도 힘든 법이다. 그래서 수업은 교사의 말을 줄이고 아이들 활동 중심으로 운영해야 한다. 그러나 알아도 자꾸 말이 많아지는 부족한 내 모습을 매일 발견한다.

'가라사대'나 '청기 백기' 모두 원래는 틀리면 벌칙이 있는 놀이지만 따로 벌칙을 주거나 하지는 않았다. "지금 내린 친구, 내리면 안 됩니다."

하고 말하면 "와아!" 하는 친구, "아이쿠!" 하는 친구, 환호와 탄식이 나오지만 재빨리 다시 놀이를 시작하면 된다. 누가 틀렸나 확인하고 벌칙을 줄 필요는 없었다.

수업 중 놀이 활동을 하면 1학년들은 자주 이렇게 묻는다.

"선생님! 이기면 뭐 줘요?"

수업 중 놀이는 이기거나 무얼 받으려고 하는 것이 아닌데…. 그래서 놀이를 시작하기 전에 놀이의 목적이 이기고 지는 데 있는 것이 아니라 즐겁게 배우는 데 있다는 것을 설명해 주었다.

그래도 저런 질문을 하는 학생이 있으면 이렇게 대답해 준다.

"이기면 기분이 좋아. 그런데 져도 괜찮아. 놀이는 즐겁고 기회는 또 오니까."

놀이의 힘

별똥(가명)이는 애교가 많고 눈웃음이 치명치명한 남학생입니다. 순진하고 적극적인 친구이지만 아기 같은 면이 많이 보였어요. 첫날부터 잘 삐지고 울고 고집을 부려서 살살 달래면서도 안 되는 건 안 된다고 단호하게 지도 중인데 아직은 힘들어하지만 조금씩 좋아지리라 기대하고 있습니다.

이번 수업이 연차시 수업이라 중간에 한 번 쉬고 이어서 수업을 시작하려고 할 때였어요. 우리 반 친구 모두에게 수업 시간에 하면 안 되는 행동에 대해 잠깐 설명 중이었는데(친구한테 말 걸거나 대답하지 않기, 수업 시작하자마자 화장실 가지 않기, 자리에서 일어나거나 돌아다니지 않기 등등) 제가 설명하는 동안 별똥이가 색종이를 꺼내서 장난했어요.

"별똥아, 안 돼. 지금은 공부 시간이에요. 색종이는 정리하고 교과서 보세요."

"아니, 지금은 공부 안 하고 있었잖아요!"

"아니, 이것도 공부예요. 규칙을 지키는 것, 참고 기다리는 것, 바른 자세로 앉는 것…. 이런 것도 다 공부예요."

"아니! 아니야! 엄마가 글씨 쓰는 게 공부랬어!"

"별똥아, 여긴 학교고 여기에서는 엄마 말이 아니라 선생님 말을 들어야 해요."

"싫어! 안 할 거야! 미워!"

"별똥이가 그러면 선생님도 별똥이 행동 이해해 주고 받아 줄 수 없어."

"내 맘대로 할 거야!"

"그래, 그럼 마음대로 해도 좋아. 하지만 그럼 별똥이는 우리 반에서 선생님, 친구들이랑 함께 즐겁게 공부하기 어려워."

별똥이는 벌떡 일어나서 복도로 나가 버렸어요.

"별똥아, 복도는 추워. 마음대로 해도 되는데 교실에 앉아 있어. 다른 친구에게 피해를 주거나 위험한 행동만 하지 않으면 되니까 들어와."

"아니야! 우리 반 아니라면서! 신경 쓰지 말라고! 내버려 둬!"

"그럼 복도에 있어도 되는데 밖으로 나가지는 마. 그건 위험해서 그냥 둘 수가 없어."

"네가 뭔데! 싫어!"

(이때 삿대질을 해서…. 저도 큰소리로 단호하게 말했어요.)

"어디 어른에게 삿대질이야! 그건 하면 안 되는 거야. 그리고 반말도 하지 마세요!"

별똥이는 울음을 터뜨렸어요.

"별똥아, 교실 오기 싫으면 여기 있어. 대신 나가는 건 안 돼. 그건 위험해서 안 되는 거야. 선생님은 별똥이가 공부는 안 해도 되는데 안전했으면 좋겠거든."

이렇게 말하고 교실 문을 살짝 열어 두고(별똥이를 지켜봐야 해서…) 놀이했어요.

'가라사대' 놀이 한다고 우리 반 친구들이 신나서 "꺄악!"거리니까 별똥이도 당연히 궁금하고 하고 싶겠죠. 그러라고 더 신나게 외쳤죠.

"자, 다시 한번! 가라사대 고개를 흔드세요! 멈추세요! 지금 멈춘 친구는 틀렸습니다. 가라사대 이제 멈추세요!"

"와아아!!"

한참 놀이를 하고 있는데 교실로 쭈뼛쭈뼛 들어오는 별똥이.

"선생님, 죄송해요."

"어서 와, 별똥아. 같이 놀이하자."

"네!"

그 뒤로는 별문제 없이 잘 따라와 주었어요. '청기 백기' 놀이도 제일 신나게 했죠. 잠깐 또 삐질 뻔했는데 제가 귀에 대고 작은 소리로 주의를 주자 영 못마땅한 표정이긴 했지만 어쩔 수 없다는 듯 수긍해 주더라고요. 삐지고 싶어도 삐지지 못하게 하는, 이것이 놀이의 힘 아닐까요?

두 번째 마당

봄

관련 교과	단원	영역(대주제)	핵심개념(소주제)
통합	1. 학교에 가면	학교	학교와 친구
	2. 도란도란 봄 동산	봄	봄 동산

학교라는 낯선 행성에 불시착한 1학년이란 외계인

1학년을 가르치다 보면 '왜 이러는 걸까?' 싶은 순간이나 '이 귀여운 생명체는 뭐지?' 싶은 순간이 있다. 어쩌면 1학년 학생들에게 학교라는 새로운 환경은 낯선 행성과 같은 곳이 아닐까? 지금까지 살아온 가정이나 이전에 다녔던 '유치원'과는 많은 것이 달라졌으니 적응하는 일이 쉽진 않을 것이다. 이렇게 생각하면 이 꼬맹이들의 황당하고 때로는 기발한 말이나 행동들을 이해할 수 있을 것 같다. 어렵고 힘들지만 사랑스럽고 놀라운 존재! 바로 1학년이란 외계인이다.

1학년 담임을 하면서 몇 가지 의문을 가지게 되었다(가끔 고학년 중에도 이러한 외계인이 숨어 있다. 그런 경우는 아직 지구인화되지 못한 경우일지도 모르겠다).

1학년들은 왜 같은 말을 여러 번 반복할까? OX 퀴즈를 풀 때 같은 답을 계속 말하기도 하고, 쉬는 시간에 친구들과 놀 때 친구에게 똑같은 말을 계속 반복하기도 한다.

"이것 봐라! 나 새 실내화 샀다."

"이것 좀 봐! 내 실내화 새거다!"

"나, 새 실내화 샀어!"

"이거 봐 봐. 내 실내화 완전 새거지?"

이런 식이다. 제발 한 번만 말해 줄래?

1학년은 왜 수업 시작종만 울리면 화장실에 가고 싶거나 머리가 아플까? 공부가 하기 싫어서라고 짐작은 되지만 '공부하기 싫은 마음'이 실제로 몸에 이토록 즉각적으로 영향을 주는 것이 신기할 정도다.

별이는 매 수업 시작종이 울릴 때마다 이마에 손을 짚은 채 내게 다가온다.

"선생님, 머리가 아파요. 열이 나는 것 같아요."

별이가 지치지도 않고 나오는 것처럼 나도 지치지 않고 매번 이마에 손을 얹어 준다.

"괜찮아. 열 없어. 아주 정상이야. 서늘해."

"그런데 머리가 아파요."

"참아 봐. 이따 쉬는 시간이 되면 나을 거야."

수업을 마치고 쉬는 시간을 알리는 종이 울리자 언제 아팠냐는 듯 밝은 표정으로 친구와 놀려고 벌떡 일어나는 별이를 불렀다.

"별아! 이제 안 아프지?"

"네! 선생님 말씀대로 쉬는 시간이 되니까 괜찮아졌어요."

그러나 별이는 다음 수업 시작종이 울리자 다시 이마를 손으로 짚으며 다가왔고 나는 별이의 이마에 손을 또 얹었다.

"괜찮아. 아주 정상이야."

1학년은 왜 선생님에게 '그냥' 말을 할까? 뭐라고 대답해야 할지 알 수 없는 이야기들이 맥락 없이, 뜬금없이 툭툭 튀어나올 때는 당황스럽지만 그 순간이 지나고 나면 너무 귀엽고 웃음이 난다. 수업 중에 발표하겠다고 손을 들어서 기회를 주면 갑자기 수업 주제와 전혀 상관없는 이야기를 하기도 한다.

얼마 전에는 수업 중에 갑자기 한 학생이 손을 번쩍 들더니 말했다.

"선생님, 저 여기 모기 물렸어요."

"지금 수업 중이니까 이따 쉬는 시간에 말해 주세요."

"간지러워요."

"그러니까 이따 쉬는 시간에 오면 선생님이 약을 발라 줄게요."

"저도 물렸어요."

"아, 알겠어요. 그러니까 이따 수업 끝나고…."

"저도 간지러워요."

이 와중에 맨 앞자리에 있던 딴청이가 갑자기 한쪽 다리를 위로 들어 올리더니 손으로 자기 다리를 훑어가며 뭔가를 샅샅이 찾기 시작했다.

"딴청아, 넌 뭐 하니?"

"여기요! 저도 여기 물렸어요!"

딴청이가 손가락으로 가리킨 곳에는 모기에 물린 지 적어도 한 달은 지나 살짝 검은 빛으로 보이는 자국이 남아 있을 뿐이었다. 이러지 말자 애들아, 제발!

괜찮아 오해할 수도 있지!

"선생님, 제가 지우개가 떨어져 있어서 주인 찾아 주려고 주웠는데 딴청이가 자꾸 자기 지우개 가져갔다고 뭐라 그래요!"
"저는 톡톡이가 제 지우개를 가져간 줄 알았어요!"
톡톡이와 딴청이가 하소연을 늘어놓았습니다.
"딴청아, 네 지우개가 바닥에 떨어져 있었고 톡톡이는 주워 주려고 한 거래. 딴청이가 톡톡이를 오해한 거 같구나. '오해해서 미안해.'라고 사과해 볼까?"
아주 잠시 머뭇거리던 딴청이는 순순히 사과를 건넸습니다.
"톡톡아, 내가 오해해서 미안해."
기다렸다는 듯 아무렇지 않게 의젓한 말투로 톡톡이가 받아 주었습니다.
"괜찮아! 오해할 수도 있지. 다음엔 조심해 줘."
점잖고 진지하게 '괜찮아. 오해할 수도 있지.'라니!

우리 선생님

별똥이는 한글은 아직 못 뗐는데 말은 청산유수…. 쉴 새 없이 이야기를 쏟아 내거나, 말이 아니면 흥얼흥얼, 그것도 아니면 끙끙거리기라도 하는, 소리를 쉬지 않고 내는 놀라운 친구입니다.
쉬는 시간만 되면 저한테 달려와 끌어안으며 "선생님, 사랑해요. 저는 선생님이 세상에서 제일 좋아요. 있잖아요. 선생님 저는 선생님이

봄 89

최고 좋아요. 선생님은 저한테 공부도 가르쳐 주시잖아요. 근데요 선생님…."라고 뜨겁게 사랑을 고백하는 애교쟁이이기도 하죠.

별똥이는 한글 해득을 위한 보충반 수업을 방과 후에 듣고 있습니다.

그런데 얼마 전 한글 선생님께 똑같이 "세상에서 선생님이 제일 좋아요!"라고 했다지 뭡니까? 그 선생님이랑 저랑 우리끼리 웃고 넘어갔어요.

한글 수업이 있던 어느 날, 그날도 어김없이 한글 수업을 마치고 선생님을 향한 사랑 고백이 시작되었습니다.

"선생님, 사랑해요! 저는 선생님이 세상에서 제일 좋아요. 선생님은 한글도 가르쳐 주시고 친절해요. 저는 그래서 선생님을 최고 사랑해요!"

"어, 그래? 별똥이가 선생님을 제일 사랑한다고 말했다고 담임선생님한테도 말씀드려야겠다!"

순간 별똥이 얼굴에 떠오른 당황하는 기색이 귀여워서 한글 선생님은 짐짓 모른 척 한 술 더 뜨기 시작했대요.

"왜? 말하면 안 돼? 별똥이는 담임선생님보다 선생님을 더 사랑하잖아?"

그러자 우리 별똥이는 모깃소리처럼 작은 목소리로 한글 선생님 귓가에 소곤거렸답니다.

"선생님, 우리 선생님한테는 말하지 마세요. 왜냐하면… 우리 선생님은 저를 제일 사랑하거든요…."

자신을 제일 사랑하는 담임선생님 마음에 상처를 주고 싶지 않은 배려왕 별똥이!

학교 가는 길은 즐거워! 『학교 가는 길』

「치과를 지나
꽃집을 지나
가구점을 지나
공원을 가로질러요.
한 발짝 한 발짝 재미있는 일이 일어나지만
엄마 말씀이 생각나요.
한눈팔지 마라.
위험은 어디에나 있으니까.」

『학교 가는 길』 이보나 흐미엘레프스카 글/그림, 이지원 옮김, 논장, 2011.

단원 및 차시명		1. 학교에 가면: 학교 가는 길(6~7/21)
핵심 질문		학교 주변의 모습은 어떤가요?
관련 성취 기준	2015 개정 교육과정	[2슬01-01] 학교 안과 밖, 교실을 둘러보면서 위치와 학교생활 모습 등을 알아본다.
	2022 개정 교육과정	[2슬01-01] 학교 안팎의 모습과 생활을 탐색하며 안전한 학교생활을 한다.

수업의 개요

단계	활동	교수학습 자료
Great (만나기)	• 『학교 가는 길』 그림책 만나기 • 공부할 문제와 활동 순서 확인하기	• 지도 앱(카카오 맵, 네이버 지도 등 활용 가능) • 학교 가는 길에 본 것 표현하기 활동지(발자국 그림)
Recognize (깨닫기)	• 학교 가는 길에 본 것 이야기하기 • 학교 주변의 모습 살펴보기	

Interaction (상호작용하기)	• 학교 가는 길에 본 것 표현하기	
Meaning (의미와 가치 찾기)	• 배움 정리하기	

이보나 흐미엘레프스카의 그림책들은 독창적인 그림이 인상적이다. 특히 『학교 가는 길』은 발자국 그림으로 학교 가는 길에 보이는 모습들을 재미있게 표현했다. 학교 가는 길, 치과를 지나고 꽃집을 지나고 가구점과 공원을 지나는 동안 발자국은 이빨도 되고 선인장도 되고 소파도 되고 오리가 되기도 한다.

학교 가는 길에 볼 수 있는 여러 가지 모습들을 발자국 그림으로 표현해 낸 『학교 가는 길』 그림책을 읽고 학생들과 학교 오는 길에 본 것들을 이야기 나누었다. 그리고 우리가 본 것들을 재미있는 발자국 그림으로 표현했다.

활동 과정

Great_만나기

『학교 가는 길』 그림책을 만나 봅시다.

생각 질문

1. 이 그림책의 제목은 무엇인가요?
2. 그림책 속 친구가 학교 가고 오는 길에 무엇을 보았나요?
3. 여러분은 학교 오는 길에 무엇을 보았나요?

Recognize_깨닫기

그림에서 친구가 학교 가는 길을 찾아봅시다.
– 친구가 학교 가는 길에 무엇이 보이나요?
– 여러분이 학교 오는 길에 본 것은 무엇인가요?
우리 학교 주변의 모습을 살펴봅시다.
– 우리 학교 주변에는 무엇이 있었나요?

학교 가는 길에 본 것 이야기하기

통합교과 『봄』 교과서 20~21쪽에는 한 어린이가 학교에 가는 장면이 그림 지도처럼 표현되어 있습니다. 이 그림을 보면서 그림 속 친구가 학교 가는 길을 찾아봅니다. 그 친구가 그 길을 걷는 동안 무엇을 볼 수 있을까 생각해 보고 학생들이 학교 오는 길에 무엇을 보았는지 이야기 나눕니다.

우리 학교는 자유 학구로 학생들이 사는 동네나 아파트가 여러 곳이라 학교에 오는 경로가 다양합니다. 그래서 집에서 출발할 때부터 본 것을 이야기하기보다 학교 주변에 있는 것들을 먼저 이야기해 보았습니다. 학교 근처 식당과 마트, 편의점, 도로, 자동차, 산, 나무 등 여러 가지 이야기들이 나왔고 친구들이 본 것을 말할 때마다 "엇! 나도! 선생님, 저도 봤어요." 하고 공감해 주어서 즐겁게 이야기를 나누었습니다.

학교 주변의 모습 살펴보기

네이버 지도 등 지도 앱을 실행시켜 학교 주변을 살펴보고 학교 주변에 무엇이 있었는지 정리해서 말해 봅니다.

저는 거리뷰 기능을 활용해서 마치 차를 타고 이동하는 느낌으로 학교 교문을 나가 학교 주변을 살펴보았습니다. 우리 반 친구들이 서로 "선생님, 우리 집으로 가 주세요!"라고 신이 나서 소리를 지르더라고요.

"집까지는 못 가요. 학교 주변만 살펴보도록 합시다. 무엇이 보이는지 이야기해 주세요."

아이들을 진정시키고 거리를 살펴보는 활동을 이어 나갔어요. 잠깐씩 멈추고 360도 돌아보면서 보이는 것이 무엇인지 이야기 나누는 시간을 가졌습니다.

Interaction_상호작용하기

학교 가는 길에 본 것을 '발자국 그림'으로 표현해 봅시다.

학교 가는 길에 본 것 표현하기

학교 가는 길에 본 것 중 기억에 남는 것 한 가지를 골라 오늘 읽은 그림책처럼 발자국 모양 그림으로 그려 봅니다. 미리 발자국 모양이 있는 활동지를 나누어 주고 발자국 모양 위에 발자국 모양을 살려 그려 보게 합니다.

사실 발자국 모양을 주지 않고 그냥 그리라고 하면 더 쉬웠을 거예요.

자기가 본 것을 어떻게 발자국 모양에다 표현할 수 있을지 생각하는 것은 창의력을 기르는 데 도움이 된다고 생각했습니다. 그래서 좀 어려운 표현 활동에 도전해 보았습니다.

무얼 어떻게 그릴지 몰라 어려워하는 학생들에게는 그림책에 나온 장면을 다시 보여 주고 비슷하게 그려도 된다고 피드백해 주었습니다.

"똑같이 그려도 돼요?"라고 묻는 친구들이 꼭 있어요.

"똑같이 그려도 괜찮지만 조금은 다르게 그리기 위해 노력해 보세요. 잘 생각하고 노력하면 재미있고 멋진 그림을 그릴 수 있을 겁니다."

똑같이 그리거나 비슷하게 그려도 된다고 허락해 주면 너무 모방만 하는 것은 아닐까 걱정이 되기도 합니다. 그러나 1학년을 지도하면서 경험한 바로는 선생님이 똑같이 그리거나 비슷하게 그려도 된다고 허락해도 아이들은 어떻게든 조금은 다르게 그려 보려고 노력하더라고요. 작은 차이라도 자신만의 독창성을 발휘한 후에는 더 뿌듯해하고 자랑스러워합니다.

활동을 시작하기 전에 무엇을 그리고 싶은지 이야기해 보게 하고 그것을 어떻게 발자국 그림으로 표현할 수 있을까를 친구들과 함께 고민해 보는 시간도 가졌습니다.

"선생님! 이렇게 하면 어때요?" 하고 몇몇 친구들이 아이디어를 내주고 다른 친구들이 "맞다! 그러면 되겠네!" 하며 응원해 주자 점점 더 재미있는 아이디어들이 나왔어요. 아이디어만 떠오르면 그리는 것은 금방 쓱쓱 잘 그려 내더라고요.

Meaning_의미와 가치 찾기

학교 가는 길에 있는 여러 장소 중에서 이용해 본 곳이 있나요?
학교 가는 길에 지켜야 할 규칙은 무엇일까요?

수업+더하기

그림으로 표현하는 활동을 할 때 수업의 성취기준에 맞는 평가를 해야 한다. 이번 수업을 예로 들면 이 수업의 주제는 '학교 가는 길에 본 것을 떠올리고 표현하기'이고 관련 성취기준은 '[2슬01-01] 학교 안과 밖, 교실을 둘러보면서 위치와 학교생활 모습 등을 알아본다.'이다. 그렇다면 그림을 잘 그리냐 못 그리냐는 이번 수업에서는 핵심이 아니라는 말이다.

수업 중 살펴본 학교 주변의 모습과 학교 가는 길에 본 것에 대한 경험을 떠올릴 수 있는지를 기준으로 과정중심평가를 해야 한다. 따라서 색칠을 꼼꼼하게 했는지 선을 바르게 그렸는지 등 미술적인 요소를 중요하게 볼 필요는 없다.

1학년 1학기는 『즐거운 생활』 교과가 아니어도 '그림으로 표현하기' 활동이 자주 나오는데 이때 이 '그림 그리기'의 목적이 무엇인지를 기억하는 것이 중요하다. 미술적인 요소가 중요한 주제가 아닌데도 그 부분을 강조하다 보면 학생들이 그림 그리기에 부담을 느끼거나 수업 목표가 방향성을 잃을 수 있다. 수업의 처음부터 마지막까지 이 수업의 목표, 도달점이 무엇인지를 잘 기억해서 이끌어 가야 한다. 그래서 수업 계획 단계에서부터 성취기준에 맞는 평가계획을 세우고 평가 기준을 고려한 수업을 설계하는 것이 좋다. 이것이 '백워드 설계'이다.

이런 점에서 교사는 항해사와 같은 역할을 하는 셈이다. 수업의 흐름이 자연스럽게 이어져서 목표에 도달할 수 있도록 수업을 계획하고 방향키를 잡아야 하기 때문이다.

활동지를 완성해서 가져오면 미술적인 기능이나 작품의 완성도를 보지 않고 "무엇을 그렸나요?" "이것을 어디에서 봤나요?" 이와 같은 질문을 통해 학생들이 오늘 배운 내용을 떠올리며 사고를 정리하고 자신이 표현한 것을 말로 설명할 수 있도록 했다.

"이건 무얼 그린 건가요?"

"토끼요!"

"토끼? 학교 오는 길에 토끼를 봤나요?"

"네! 교문 들어와서 교실 오는 길에 봤어요."

사실 우리 학교는 시골 학교라 건물 뒤편에 작은 동물 농장이 있어요. 동물 농장이라고 해서 동물이 여러 종류가 있거나 많은 것은 아니고 토끼랑 닭, 흑염소를 기르고 있습니다. 그런데 동물 농장에 있는 토끼가 자주 울타리에서 탈출해서 학교를 돌아다니고 있었거든요.

"아, 그 토끼! 맞아 그 토끼가 자꾸 보이더라. 학교 안에서 본 것이긴 하지만 교실 오는 길에 본 거니까 괜찮아요! 잘 표현했어요!"

발자국 그림으로 표현한 '토끼'

친구를 이해하고 친해지는 친! 친! 놀이 『나는 잘하는 게 하나도 없어요』

「네 손이 이렇게
차가워지도록
아이들의 손을
따뜻하게 해 주었잖아.
사랑이는 손보다
마음이 더 따뜻한 친구야.
다른 아이들을 먼저 생각하는 마음이
너의 진짜 좋은 점이야!」

『나는 잘하는 게 하나도 없어요』
구스노키 시게노리 글, 후루쇼 요코 그림, 김영희 옮김, 베틀북, 2014.

단원 및 차시명		1. 학교에 가면: 친해지고 싶어요(15~16/21)
학습 주제		친구에 대하여 알아보고 친해지는 놀이를 해요.
관련 성취 기준	2015 개정 교육과정	[2슬01-02] 여러 친구의 다양한 특성을 이해하고 친구와 잘 지내는 방법을 알아본다. [2즐01-01] 친구와 친해질 수 있는 놀이를 한다.
	2022 개정 교육과정	[2슬01-03] 가족이나 주변 사람에게 관심을 갖고 함께 살아가는 모습을 탐구한다. [2즐01-03] 가족이나 주변 사람과 소통하며 어울린다.

수업의 개요

단계	활동	교수학습 자료
Great (만나기)	• 『나는 잘하는 게 하나도 없어요』 그림책 만나기 • 공부할 문제와 활동 순서 확인하기	• 막대 인형 만들기 활동지, 나무젓가락 • 허니콤보드와 지우개, 보드 마커
Recognize (깨닫기)	• 막대 인형 만들기	

Interaction (상호작용하기)	• 친구 소개하기 • 친친 놀이하기	
Meaning (의미와 가치 찾기)	• 배움 정리하기	

　『나는 잘하는 게 하나도 없어요』는 스스로 장점이 없다고 생각하는 '사랑'이라는 친구에게 '우정'이라는 친구가 장점을 찾아 주는 이야기다. 우정이가 찾은 사랑이의 장점은 '손이 따뜻하다'는 것인데 사랑이는 자신의 따뜻한 손으로 다른 친구들의 손을 잡아 주다가 손이 차가워진다. 시무룩해진 사랑이에게 우정이는 "너의 진짜 장점은 따뜻한 마음"이라고 말해 준다. 사랑이는 우정이의 말에 힘을 얻고 진짜 마음이 따뜻한 사람은 내 장점을 찾아 준 우정이라고 생각하며 자신도 친구들의 장점을 많이 찾아 주겠다고 결심한다.

　이 그림책을 읽고 친구들의 장점이나 좋아하는 것 등을 알아보며 다른 사람을 이해하는 시간을 갖도록 했다. 또한 놀이를 통해 마음을 열고 소통하며 어울릴 수 있도록 했다.

> 활동 과정

Great_만나기

『나는 잘하는 게 하나도 없어요』 그림책을 만나 봅시다.

생각 질문

1. 사랑이의 고민은 무엇인가요?
2. 우정이가 찾아 준 사랑이의 좋은 점은 무엇인가요?
3. 사랑이는 친구들을 위해 어떻게 했나요?
4. 사랑이의 좋은 점은 왜 사라졌나요?
5. 사랑이의 진짜 좋은 점은 무엇이었나요?
6. 우리도 친구들의 좋은 점을 생각해 봅시다.

Recognize_깨닫기

나를 소개하는 막대 인형을 만들어 봅시다.
- 활동지에 내 이름을 쓰고 내가 잘하는 것, 좋아하는 것 등을 그림으로 그려요.
- 가운데 동그라미에 내 얼굴을 크게 그려요.
- 다 완성하면 가위로 동그랗게 오리세요.
- 교과서 뒤 [학습도움자료 카드 1]을 떼어서 가위로 오립니다.
- 도안을 카드에 붙이고 나무젓가락을 테이프로 붙입니다.
- 다 완성한 막대 인형을 선생님이 준비한 통에 꽂아 주세요!

막대 인형 만들기

　교과서 뒤 [학습도움자료 카드 1]의 원과 같은 크기의 활동지를 준비합니다. 자신의 장점이나 좋아하는 것 등을 활동지에 그림으로 표현해서 자신에 대한 내용으로 '막대 인형'을 만듭니다.
　교과서에는 친구의 얼굴을 그린 막대 인형을 만들고 그 막대 인형을 가지고 친구와 대화하며 친구를 이해하는 활동이 안내되어 있습니다.

이 활동에서는 친구와 만나 서로에 대해 궁금한 점을 물어보는데 1학년들에게 얼굴이 그려진 막대 인형만 손에 쥐어 주고 궁금한 것을 물어보라고 하면 수업 주제에 맞는 질문을 생각해 내는 데 어려움이 있을 것 같았어요.

  그래서 친구의 얼굴만 그린 막대 인형보다는 먼저 자신에 대한 자료로 막대 인형을 만들고 그 막대 인형을 바탕으로 친구를 이해하는 활동을 이어 가고자 했습니다. 자기 막대 인형을 자기가 소개하는 것이 아니라 친구의 막대 인형을 보고 친구를 소개해 보는 거죠. 그래서 막대 인형을 꽂아 놓을 수 있는 통을 준비해서 완성한 막대 인형을 통에 모아 놓았습니다.

막대 인형 활동지

Interaction_상호작용하기

친구의 막대 인형을 골라서 소개해 봅시다.
- 소개가 끝나면 막대 인형 주인에게 막대 인형을 돌려주고 자리로 돌아갑니다.

친구와 친해질 수 있는 놀이, 친친 놀이를 해 봅시다.
- '나를 맞혀 봐' 놀이를 해 봅시다.

밸런스 놀이를 해 봅시다.
- '이게 누구야' 놀이를 해 봅시다.

친구 소개하기

친구의 막대 인형 중 하나를 골라서 친구에 대한 내용을 바탕으로 친구를 소개합니다. 먼저 어떤 문장으로 발표를 할 수 있을지 시범을 보여 줍니다. '친구의 이름은 ○○○입니다. 좋아하는 동물은 □□□입니다.'처럼 친구의 이름을 말하고 친구가 좋아하는 것이나 잘하는 것, 장래 희망을 소개해 보게 합니다.

올해 우리 반 친구들 중에는 발표 목소리가 작은 친구가 3명 정도 있는데 그래도 모깃소리만큼은 아니라서 다행이에요. 1학년 친구들 중에는 못 하겠다고 아예 앞으로 나오려고 하지도 않는 친구들이 있는데, 기특하게 발표하자고 하면 한 명도 빼지 않고 씩씩하게 나옵니다.

친구 소개하기 전에 친구의 이야기를 잘 들어야 뒤에 이어지는 '나를 맞혀 봐' 놀이도 잘할 수 있다는 것과 '경청'하는 태도를 강조하고 시작하지만 집중 시간이 짧은 1학년 친구들은 금방 주의가 산만해집니다. 중간마다 친구의 말을 잘 듣고 있는지 확인하면서 '4박자 경청 구호'를 외치고 "잘 들어 주자!"라고 규칙을 상기시켜 주어야 합니다.

4박자 주의 집중 구호

4박자 주의 집중 구호는 하나, 둘, 셋, 넷 박자에 맞추어서 교사가 선창하면 뒷말을 학생이 외치는 구호입니다. 이때 동작도 정해서 같이 합니다.
우리 반이 하는 구호는 다음 몇 가지입니다. 구호는 필요에 따라 얼마든지 만들 수 있습니다.

교사: "바른"
학생: "자세!(손 무릎 하기)"
교사: "1학년"
학생: "2반!(손가락 두 개로 하트 하기)"
교사: "선생님"
학생: "봅시다!(양 손바닥을 눈 옆에 대며 마치 옆을 보지 못하게 가리는 듯한 동작)"
교사: "집중"
학생: "합시다!(양손을 주먹 쥐고 파이팅 하기)"
교사: "번호 줄"
학생: "섭시다!(번호대로 줄 서기)"

그리고 경청 구호는 다음과 같습니다.
교사: "경청"
학생: "합시다!(양쪽 귀 옆에 손을 오므려서 귀 기울이는 동작)"

학급에서 필요한 구호를 직접 만들어 보면 어떨까요?

침묵 신호

침묵 신호는 허승환 선생님에게 배운 방법입니다. (출처: 유튜브 '꿀잼교육연구소')
주의 집중을 시켜야 하는데 학생들이 떠들고 있을 때 효과적입니다. 한 손은

'쉿!' 하는 동작을 하고 다른 한 손은 손을 들어 손바닥을 펴서 학생들에게 보여 줍니다. 그리고 모든 학생이 같은 동작을 할 때까지 펼친 손가락을 하나씩 접으면 됩니다.
학생들이 모두 조용히 동작을 따라 하면 손가락을 몇 개 접었는지 알려 줍니다.
"침묵 신호 15초 성공입니다. 다음에 10초 만에 성공하면 '마음 신호등'에 초록 불을 켤게요. 좀 더 노력해 봅시다."
위처럼 학생들에게 피드백을 주면 다음 침묵 신호 때는 더 빠르게 따라 하려고 노력한답니다.

나를 맞혀 봐 놀이하기

한 사람씩 앞에 나와서 '친구 소개하기'에 나온 내용으로 '나'에 대한 퀴즈를 내면 앉아 있는 친구들이 답을 맞혀 봅니다. 퀴즈를 내는 것도 손을 든 친구 중 답을 말할 친구를 골라 기회를 주는 것도 스스로 해 보게 하는 것이 좋습니다.

내가 좋아하는 음식은 뭘까?
내가 좋아하는 동물은 뭘까?
나는 커서 무엇이 되고 싶을까?
내가 잘하는 것은 뭘까?

나를 맞혀 봐 퀴즈 예시

밸런스 놀이하기

밸런스 놀이는 많이들 알고 있는 놀이입니다. 두 가지 중 한 가지를 무조건 골라야 하는 놀이죠. 1학년 학생들이 관심을 가질 만한 주제의 문제를 5~6가지 정도 만들고 둘 중 하나를 골라 보게 합니다. 문제를 고를 때마다 서로 "어! 나도 이건데 너도야?" "이건 당연히 카레맛 똥이지!" "야, 똥보다 카레지!" 이러면서 자기들끼리 신나서 떠들었어요. 서로의 생각 차이도 확인하고 같은 생각을 가진 친구들과 공감도 해 볼 수 있어서 재미도 있고 의미도 있었습니다.

이게 누구야 놀이하기

허니콤보드를 가슴 앞으로 들고 보드마커는 다른 손에 듭니다. 보드를 보지 않고 정면을 본 상태에서 보드 마커를 든 손만 허니콤보드 앞으로 내밀어 자신의 얼굴을 그립니다. 얼굴을 다 그리면 보드를 선생님께 냅니다. 학생들이 보드를 낼 때 누구의 그림인지 보드 뒤판에 번호를 써서 표시해 둡니다. 보드판을 겹칠 때 그림이 지워질 수 있으니 주의해야 합니다. 학생들이 그림을 다 내면 한 장씩 학생들에게 보여 줍니다. 학생들은 선생님이 보여 주는 얼굴이 누구의 얼굴일까 맞혀 봅니다.

그림을 잘 그릴 필요가 없고 잘 못 그려야 더 재미있는 놀이인데 1학년 친구들은 그림을 잘 그리고 싶은 욕심이 앞서서 자꾸 보지 말라는데도 눈동자를 아래로 굴려서 보드를 보려고 안간힘을 쓰더라고요.

우스꽝스럽거나 못 그림 그림을 친구들에게 보여 주고 싶지 않고 창피해서 그런 것 같았습니다. 처음에는 '보지 마세요!'라고 여러 번 주의를 줬지만 나중에는 슬쩍 못 본 척해 주었어요.

'이게 누구야' 놀이 그림 그리는 방법

친구들이 실제로 그린 그림

Meaning_의미와 가치 찾기

친구에 대해 알게 된 사실은 무엇인가요?
친친 놀이하면서 느낀 점은 무엇인가요?
친구에 대해 더 궁금한 것이 있나요?

수업+더하기

　친친 놀이의 규칙을 설명하고 있을 때였다. 설명 중간에는 질문을 하지 않도록 반복 지도했는데도 아직 몇몇 친구들이 설명하는 중간에 질문을 하기도 한다. 그래서 선생님 설명이 끝날 때까지 기다리라고 단호하게 말하고 끝까지 설명한 다음 "질문 있나요?"라고 물었는데 중간에 질문하려고 손을 들었다가 제지당한 친구가 결연한 표정으로 다시 손을 들었다.

"질문하세요."

"오줌 누고 와도 돼요?"

아뿔싸! 활동 방법에 대한 질문이 아니었는데 기다리라고 해서 설명하는 내내 초조한 표정이었구나 싶었다. 다녀오라고 허락해 주고 활동을 시작했다.

1학년은 이럴 때 너무 귀엽다. '화장실 가도 돼요?'가 아니라 '오줌 누고 와도 돼요?'라고 물을 때, 그리고 그 말에 "와하하!" 웃음이 터질 만도 한데 모두 한 점 흐트러짐 없이 '과연 허락해 주실까?' 하는 진지한 표정으로 선생님의 반응을 지켜보고 있을 때….

수업 시간에 화장실 가는 것을 허락해 주기 시작하면 1학년은 연쇄 반응이 일어나기도 한다. 한 명이 '오줌' 이야기해서 허락받으면 여기저기서 손이 쏘옥쏘옥 올라온다. "저도요!" "저도요!" 오줌 허락 요청 손이다. 어디까지 허락해 주어야 하는지 고민되는 순간이다.

우선 화장실은 수업 시간에 가지 않고 쉬는 시간에 다녀오는 것이 대원칙이다. 이 원칙이 절대적으로 지켜진다면 너무 고맙고 다행이지만 1학년에게는 불가능에 가까운 미션이다. 그다음 원칙은 수업 시작하자마자는 안 된다는 것이다. 수업 시작하고 5분은 지나야 '화장실' 이야기를 꺼낼 수 있는 것으로 정했다. 수업 시작하려는데 우르르 화장실을 다녀오면 수업 분위기가 흐트러진다. 세 번째 원칙은 한 번에 한 명씩 다녀오는 것이다. 한 명이 허락받고 갔다 오면 그다음 한 명이 허락을 받을 수 있다.

물 마시는 것도 마찬가지다. 코로나 이후로는 개인 텀블러에 물을 가지고 다니면서 마시는데 제한하지 않으면 수업 시간에도 수시로 물을 꺼내서 마시다가 쏟기도 하고 물병이 떨어뜨려 요란한 소리로 수업의 흐름을 방해하기도 한다. 그래서 물도 수업 중에는 마시지 말고 참아 보도록 지도한다.

이보다 중요하고 효과적인 것은 매우 번거롭고 귀찮을 수 있지만 수업이 끝나고 쉬는 시간이 될 때마다 다음과 같이 외치고 쉬는 시간을 가지는 것이다.

"놀기 전에 화장실 먼저! 물 먼저!"

활동 방법 설명하기

만들기나 꾸미기, 놀이 등 활동 방법을 설명할 때, 설명을 시작하기 전에 먼저 선포합니다.

"지금부터 선생님이 어떻게 만드는지 설명하겠습니다! 선생님이 설명하는 중간에는 절! 대! 로! 끼어들거나 질문하지 않습니다! 선생님이 설명을 다 하고 '질문 있으면 하세요.'라고 하면 그때 손을 들고 질문합니다."

이 말을 세 번 이상 강조해 주세요.

그렇게 강조하고 설명을 시작해도 중간에 끼어들어서 질문을 하는 친구가 있습니다. 그럴 때 무심코 대답해 주면 안 됩니다. 그러면 학생들은 무의식중에 '중간에 질문해도 되네.'라고 생각하게 됩니다. 중간에 끼어들거나 질문하면 "지금은 질문 시간이 아니라 설명 시간입니다. 기다렸다가 나중에 질문하세요."라고 제한하고 설명을 이어 갑니다.

설명이 다 끝나면 잊지 말고 꼭 질문 시간을 주어야 합니다.

"잘 모르는 것이 있거나 궁금한 것이 있으면 질문하세요."
질문에 답이 다 끝나면 다음은 준비 시간을 줍니다.
"무엇이 필요할까요? 이제 필요한 준비물을 준비하세요."
준비가 다 된 것을 확인하면 시작입니다.

설명 → 질문 → 준비 → 시작!

이 패턴을 반복하면 나중에는 1학년 친구들도 제가 설명을 마칠 때까지 잘 기다려 줍니다.

그러나 시작하고 나면 꼭 이미 여러 번 설명한 내용을 못 듣고 질문을 하거나 설명해 준 대로 하지 않고 잘못하는 친구들이 있습니다. 신기한 건 늘 그러는 친구들이 정해져 있다는 건데요, 이것은 참 고쳐지시 않는 것 같아요. 저는 그래서 설명할 때 "**톡톡**(가명)아, 듣고 있니?" "**깜빡**(가명)아, 선생님이 지금 뭐라고 했는지 말해 볼까?" 하면서 중간 점검을 합니다. 그럼 조금, 아주 조금 나아집니다.

봄이 왔어요 『봄이다』

「아니야, 개구리가 나오고 곰이 겨울잠에서 깨어나고 꽃이 피고 나비가 날면 봄이잖아.」

『봄이다』 정하섭 글, 윤봉선 그림, 우주나무, 2017.

단원 및 차시명		2. 도란도란 봄 동산: 봄이 왔어요(5/40)
핵심 질문		봄이 되면 어떤 동물과 식물을 볼 수 있을까요?
관련 성취 기준	2015 개정 교육과정	[2슬02-03] 봄이 되어 볼 수 있는 다양한 동식물을 찾아본다.
	2022 개정 교육과정	[2슬01-04] 사람과 자연, 동식물이 어우러져 사는 생태를 탐구한다.

수업의 개요

단계	활동	교수학습 자료
Great (만나기)	• 봄에 볼 수 있는 곤충과 동물 초성 퀴즈 풀기 • 『봄이다』 그림책 만나기 • 공부할 문제와 활동 순서 확인하기	• 봄에 볼 수 있는 곤충과 동물 초성 퀴즈 https://youtu.be/oojS8SZJXIs (출처: 유튜브 '팍찐놀이')
Recognize (깨닫기)	• 숨은 봄 친구 찾기 • 겨울과 봄의 모습 비교하기	• 겨울과 봄 모습 사진 자료 • 봄 문장 퍼즐

Interaction (상호작용하기)	• 봄 문장 퍼즐 완성하기	
Meaning (의미와 가치 찾기)	• '얼음 땡' 발표하기	

『봄이다』는 봄을 기다리는 '연이'와 개구리, 곰, 나비, 꽃들의 이야기다. 연이가 겨울옷을 입고 있다가 봄옷으로 갈아입는 장면, 개구리가 땅속에서 땅 위로 올라오는 장면 등 겨울과 봄의 모습을 비교하여 봄이 되어 달라진 점을 살펴볼 수 있다. 또 봄에 볼 수 있는 동물과 식물을 그림책 속에서 만날 수도 있다. '도란도란 봄 동산'을 시작하기에 좋은 그림책이다.

활동 과정

Great_만나기

'봄에 볼 수 있는 동물'을 알아맞혀 봅시다.
『봄이다』 그림책을 만나 봅시다.

생각 질문

1. 봄이 되면 무엇이 달라질까요?
2. 봄이 되면 또 어떤 동물이나 식물을 볼 수 있나요?

Recognize_깨닫기

교과서 그림 속 숨은 봄 친구를 찾아봅시다.
겨울과 봄의 모습을 비교해 봅시다.
- 나무는 무엇이 달라질까요?

- 땅이나 강은 어떻게 달라질까요?
- 겨울잠을 자던 동물들은 어떻게 될까요?
- 날씨와 사람들의 옷차림은 어떻게 달라지나요?
- 봄이 되면 또 무엇이 달라지는지 생각해 봅시다!

숨은 봄 친구 찾기

통합교과 『봄』 교과서 56~57쪽 삽화를 보며 봄에 볼 수 있는 동물과 식물을 찾아봅니다.

교과서 그림에 개나리, 진달래, 찔레꽃, 수선화, 서양수수꽃다리(라일락), 목련, 벚나무, 유채, 민들레와 같은 봄에 볼 수 있는 식물과 토끼, 다람쥐, 나비, 벌과 같은 봄에 볼 수 있는 동물이 나옵니다. 저는 먼저 그림을 살펴보게 한 다음 "어떤 동물이나 식물이 보이나요?" 하며 동물이나 식물 이름을 말해 보게 했습니다.

'숨은그림찾기'처럼 찾아야 할 동물이나 식물을 미리 알려 주고 어디에 있는지 찾아보게 해도 좋고 그림을 하나씩 짚으며 "이건 무엇일까요?"라고 물어보는 것도 좋습니다.

교과서 PDF 활용하기
에듀넷 티 클리어 [디지털 교과서](https://webdt.edunet.net/)에서 제공하는 교과서 PDF를 내려받으면 수업에 필요한 다양한 자료를 제작하는 데 편리합니다.

겨울과 봄의 모습 비교하기

　겨울과 봄의 모습이 나타난 사진이나 삽화를 보며 봄이 되어 달라진 점을 찾아봅니다.
　막연히 "무엇이 달라졌나요?"라고 묻기보다 구체적인 발문이 필요하다고 생각했어요. 그래서 겨울과 봄의 나무 모습, 땅과 강의 모습, 동물들의 모습, 날씨와 옷차림 사진을 보여 주며 달라진 점을 비교해서 말해 보게 했습니다. 그리고 또 무엇이 달라졌는지 생각해 보는 시간을 가졌습니다.

Interaction_상호작용하기

봄 문장 퍼즐을 완성하면서 봄이 되면 달라지는 점이 무엇인지 정리해 봅시다.
- 어떤 문장을 만나아 완성할 수 있나요? 연습해 봅시다.

봄 문장 퍼즐 완성하기

　문장을 완성하면서 봄이 되면 달라지는 점이 무엇인지 알아보는 것이 활동의 목적입니다. 문장 카드를 나누어 주기 전에 어떤 문장들이 있는지 살펴보고 연습합니다. 선생님이 먼저 문장의 앞부분을 읽으면 그 문장과 어울리는 문장 뒷부분을 찾아 읽어 보게 합니다. 서로 어울리는 문장을 찾아 읽으며 봄이 되면 달라지는 점을 정리해 볼 수 있습니다.

나뭇가지에	피었습니다.
꽃이 활짝	깨어납니다.
겨울잠을 자던 동물들이	새싹이 돋았습니다.

문장 퍼즐 예시 자료

　문장 퍼즐은 노란색과 초록색 두 가지가 있습니다. 노란색은 문장의 앞부분, 초록색은 문장의 뒷부분입니다. 학생들에게 각자 문장 퍼즐을 한 장씩 고르게 합니다. 노란색을 가진 친구는 초록색을 가진 친구 중에서 어울리는 문장을 찾습니다. 초록색을 가진 친구는 노란색을 가진 친구 중에서 어울리는 문장을 찾습니다. 서로 어울리는 문장을 찾아서 완성한 친구는 둘이 함께 선생님을 찾아옵니다. 선생님께 완성한 문장 퍼즐을 한목소리로 소리 내 읽으면 합격! 자유 선택 활동을 할 수 있습니다.

자율 선택 활동과 '다음에 할게요' 바구니

1학년 학생들은 과제 완성까지 걸리는 시간도 개인차가 큽니다. 어떤 친구는 금방 완성하고 또 어떤 친구는 1시간 내도록 완성 못 하는 일도 있죠. 우리 반은 빨리 완성한 친구들에게 '자율 선택 활동'을 하도록 안내하고 있습니다. 자율 선택 활동은 활동을 먼저 끝냈을 때, 다른 친구들이 활동을 다 할 때까지 기다리면서 할 수 있는 활동입니다. 책 읽기, 종이접기, 그림 그리기, 퍼즐 맞추기, 자석 블록 글자 만들기, 칠교놀이, 클레이, 소마 큐브 등을 할 수 있습니다. 자율 선택 활동을 위해 우리 교실에는 종이접기 책과 색종이, 그림 그릴 이면지와 퍼즐, 칠교 놀이판, 자석 블록 글자, 클레이, 소마 큐브 등을 교실 옆 수납장에 준비해 놓았습니다. 자율 선택 활동은 자기 자리에 앉아서 할 것! 조용히 할 것! 두 가지 규칙이 있습니다.

다른 친구들이 완성할 때까지 조용히 자기 자리에서 자기가 하고 싶은 자율 선택 활동을 하면서 기다리게 하는데 그래도 모든 친구가 완성할 때까지 마냥 시간을 계속 줄 수는 없는 일이라 타이머도 같이 쓰고 있습니다. 예를 들어 10분 동안 활동을 할 계획이라면 타이머를 10분에 맞춰 안내해 주고 10분 안에 완성할 수 있도록 집중하고 노력하자고 말해 줍니다.

10분 전에 완성한 친구들은 타이머가 울릴 때까지 자율 선택 활동을 하며 기다리게 합니다. 이때 너무 빨리 완성한 친구들은 완성도가 낮을 가능성이 있으므로 개별 지도와 피드백이 필요합니다. 10분의 시간이 다 지나고 타이머가 울린 다음에도 완성 못 한 친구들은 미완성인 결과물을 따로 보관했다가 다음 교과 활동 시간이나 쉬는 시간, 또는 활동이 일찍 끝나고 비는 자투리 시간에 완성 못 한 과제를 할 수 있도록 합니다. 이때 미완성 결과물을 보관하기 위한 바구니를 따로 준비하면 좋습니다. 저는 이 바구니 이름을 '다음에 할게요'라고 정했습니다.

1학년 친구들은 아직 정리 습관이 부족하고 자기 물건을 둔 장소를 깜빡하거나 과제 보관 요령이 없어서 과제물을 분실하거나 훼손하는 일이 많습니다. 각자 서랍이나 사물함에 보관해 놓았다가 다음에 하도록 했더니 "없어졌어요!" "찢어졌어요!" "어디 있는지 모르겠어요!"라는 친구들이 너무 많더라고요. 일일이 찾아 주다 보니 시간은 자꾸 흐르고 저는 너무 힘들었어요. 그래서 이제는 바구니 하나를 준비해서 미완성 결과물을 모아서 보관하게 하고 있습니다.

주어진 활동 시간이 끝나면 "하던 것!"이라고 2박자에 맞춘 구호를 외치고 학생들은 "멈춰요!" 2박자 구호를 외치며 활동을 멈춥니다(그래도 안 멈추는 친구들이 있어서 구호는 3~4번 반복해야 해요). 그리고 친구들이 "선생님! 저 다 못 했어요!"라고 하면 "다 못 한 친구들은 수업이 끝난 후에 '다음에 할게요' 바구니에 넣어 놓았다가 다음 시간이나 쉬는 시간에 완성하세요."

라고 안내합니다. 1학년 친구들은 자기가 완성 못 한 과제가 있다는 것도 자주 잊어요. 그래서 제가 매번 기억할 수 있도록 도와주어야 합니다. 다음 활동 시간에 혹시 활동을 일찍 끝내고 선택 활동을 하려고 하면 "지난번에 완성 못 한 것이 있는지 '다음에 할게요' 바구니를 찾아 보고 완성 못 한 것을 먼저 하렴. 완성 못 한 것이 없다면 선택 활동을 해도 된단다."라고 말해 줍니다. 또 쉬는 시간에 화장실 갔다 오고 다음 시간 준비를 마쳤다면 전 시간에 못 한 과제를 완성해 볼 것을 권하기도 합니다. 다만 쉬는 시간에 활동하는 것은 강하게 권하지는 않습니다. 학생들의 쉴 권리와 놀 권리를 침해할까 봐서요. "지난번에 못 한 것을 완성해 보는 것은 어떨까?"라고 살짝 권합니다.

Meaning_의미와 가치 찾기

봄이 되면 볼 수 있는 동물이나 식물을 얼음 땡 발표로 발표해 봅시다.

얼음 땡 발표하기

봄이 되면 볼 수 있는 동물이나 식물을 한 가지 생각할 시간을 줍니다. 생각이 난 친구는 자리에서 일어나서 "얼음!"이라고 외치고 움직이지 않습니다. 모든 친구가 일어나면 발표를 시작합니다.

선생님이 한 친구를 지시봉으로 가리키면서 "땡!"이라고 말하면 그 친구는 답을 말하고 자리에 앉습니다. 친구가 답을 말할 때 나랑 생각이 같다면 그 친구가 앉을 때 같이 앉습니다. 모든 친구가 자리에 앉으면 발표를 마칩니다.

수업+더하기

아직 한글이 서툰 별똥이, '봄 문장 퍼즐 완성하기' 활동 방법을 안내하자마자 얼굴이 빨개졌다.

"선생님! 저는 글자를 모르는데 어떻게 해요? 어떡하냐고요? 글자 몰라서 못 하면 어떡해요? 저도 하고 싶은데…."

한글은 어렵지만 말은 청산유수, 속사포 랩이 가능한 별똥이다.

"별똥아, 선생님이 도와줄게. 걱정하지 마. 너도 할 수 있어. 우선 선생님 따라서 화면에 있는 문장을 읽어 보자."

연습 단계에서 문장을 별똥이와 함께 읽고 화면에 정답을 제시해 주었는데도 문장 카드를 받자마자 또 "모르겠어요! 모르겠다고요!" 하며 소리를 쳤다.

별똥이는 실패에 대한 두려움이 크고 잘 못할 것 같다는 생각이 들면 활동 자체를 피하려고 하며 감정이 올라오면 조절이 잘 안되는 편이다. 대신 잘한다고 칭찬해 주거나 스스로 할 수 있다는 자신감이 있으면 누구보다 열심히 한다.

화면에 제시한 전체 문장 카드에서 자신이 받은 문장 카드를 찾고 또 그 문장 카드에 맞는 짝을 찾는 것이 별똥이에게는 조금 버겁게 느껴졌을 것이다. 그래서 별똥이가 받은 문장 카드를 읽어 주고 그 문장 카드 뒤에 이어질 문장을 카드 뒷면에 따로 써 주었다. 그제야 신이 나서 짝을 찾겠다고 벌떡 일어서서 친구들을 향했다.

별똥이와 같은 친구들은 학습에서 '실패감'을 겪지 않도록 배려할 필요가 있다. 다행히 별똥이는 의욕이 넘치는 친구라 조금만 도와주면 누구보다 열정적으로 참여하지만 도와준다고 해도 안 하려고 하는 무기력한 친구들도 있다. 사람들은 감정을 느끼는 기준도 다 달라서 아이 중에는 유독 실패에 민감하게 반응하는 예도 있다. "이거 아니야."라든가 "틀렸으니까 다시 해."라는 말은 이런 친구들에게 '독'이 될 수도 있다.

별똥이는 그냥 "이렇게 말고…." 정도만 말해도 "전 못 해요! 못 한다고요!" 하며 책과 연필을 내동댕이친다. 가끔은 자기 주먹으로 자기 머리를 때리기까지 한다.

"괜찮아. 선생님이 도와줄게. 별똥이도 할 수 있어."라고 진정시키고 오류를 잡아 주거나 피드백할 필요가 있으면 "우리 별똥이, 너무 잘했네. 우와! 진짜 열심히 했구나. 다 잘했는데 여기 이거랑 이것만 요렇게 하면 더 멋지겠다!"라고 돌려 표현하려고 노력한다. 노력은 하지만 잘되지 않을 때도 있고 그래서 별똥이가 또 거부하는 일도 있지만 나도 별똥이도 조금씩 발전하는 중이다.

3월의 별똥이는 지금보다 더 자주 포기하려고 했었다.

"선생님, 전 이거 못 해요. 전에도 하려고 해 봤는데 도전하고 또 도전했는데 자꾸자꾸 해도 자꾸자꾸 안 됐어요. 그래서 전 이제 안 해요! 포기했다고요!"

도와주겠다고 해도 못 한다고 하거나 당장 자기를 도와주지 않고 다른 친구들을 먼저 봐주고 있으면 재촉하고 떼쓰기 일쑤였는데 지금 별똥이는 많이 성장하고 발전했다.

"선생님! 선생님이 도와줄 거예요? 선생님이 도와주면 저도 할 수 있죠? 선생님이 도와줄 때까지 기다릴게요."

별똥이의 성장에 박수와 응원을 보내고 싶다. 더불어 함께 노력하며 성장할 나에게도!

식물이 잘 자라려면 『파닥파닥 해바라기』

「"잠깐, 무슨 소리가…."
"나는 것 같지 않아?"
"앗! 어디지?"
"어?"
파닥파닥
"세상에!"
"작은 해바라기가 있네."
"조금씩 좁혀 봐!"
"조금만 더…."
"옆으로… 쿵…"
"같이 햇볕 쬐자."
"따뜻하지!"」

『파닥파닥 해바라기』 보람 글/그림, 길벗어린이, 2020.

단원 및 차시명		2. 도란도란 봄 동산: 우리가 도와줄게(25~26/40)
핵심 질문		식물이 자라는 데 필요한 것은 무엇일까요?
관련 성취 기준	2015 개정 교육과정	[2슬01-04] 봄에 씨앗이나 모종을 심어 기르면서 식물이 자라는 모습을 관찰한다.
	2022 개정 교육과정	[2슬01-04] 사람과 자연, 동식물이 어우러져 사는 생태를 탐구한다.

수업의 개요

단계	활동	교수학습 자료
Great (만나기)	• 『파닥파닥 해바라기』 그림책 만나기 • 공부할 문제와 활동 순서 확인하기	• 『파닥파닥 해바라기』 영상 https://youtu.be/zvOO57KGXHE (출처: 유튜브 '길벗어린이') • 역할놀이 머리띠(교과서 학습 도움자료 활용)

봄 119

Recognize (깨닫기)	• 식물이 잘 자라는 데 필요한 것 알아보기 • 해, 물, 흙이 하는 일 알아보기	
Interaction (상호작용하기)	• '우리가 도와줄게' 역할놀이 하기	
Meaning (의미와 가치 찾기)	• 배움 정리하기	

『파닥파닥 해바라기』는 큰 해바라기들 틈에서 햇빛과 물을 충분히 받지 못한 작은 해바라기의 생존기다. 파닥파닥 날아서 햇빛과 물을 찾아 나서는 꿈을 꾸지만… 꿈에서 깨면 다시 큰 해바라기들 틈바구니에서 눈 뜨던 어느 날, 기적 같은 일이 일어난다.

나는 식물의 성장을 주제로 수업을 준비했지만 '사회적 약자 배려'와 관련하여 인성교육 자료로 활용하기에도 너무 좋은 그림책이다.

이 그림책은 출판사에서 직접 '그림책 읽어 주기' 영상을 제공하고 있어서 움직이는 그림과 함께 영상으로 만나 볼 수 있다. 우리 반 친구들도 너무 좋아한 그림책, 여러 번 읽어도 읽을 때마다 마음 따뜻해지는 책이다.

활동 과정

Great_만나기

『파닥파닥 해바라기』 그림책을 만나 봅시다.
식물이 자라는 데 필요한 것을 찾아봅시다.

생각 질문
1. 해바라기가 무럭무럭 자라기 위해서 무엇이 필요했나요?
2. 식물이 잘 자라려면 또 무엇이 필요할까요?

Recognize_깨닫기

식물이 잘 자라는 데 필요한 것을 찾아봅시다.
해, 물, 흙이 어떻게 새싹을 도와주는지 알아봅시다.
- 해, 물, 흙 말고도 새싹을 도와주는 것이 있어요!

식물이 잘 자라는 데 필요한 것 알아보기

통합교과 『봄』 교과서 84~85쪽 그림을 보면서 식물이 잘 자라는 데 필요한 것이 무엇이 있는지 찾아봅니다. 이미 『파닥파닥 해바라기』 그림책에서 해바라기가 잘 자라는 데 필요한 것이 무엇인지 이야기한 후이기 때문에 쉽게 찾아냅니다.

해, 물, 흙이 하는 일 알아보기

사진이나 영상 자료를 보며 해, 물, 흙이 하는 일에 대하여 이야기 나누고 정리합니다. 해, 물, 흙 말고도 새싹이 자라는 데 도움을 주는 것들에는 무엇이 있는지도 알아봅니다.

그림책과 교과서 삽화를 통해 새싹이 잘 자라기 위해 해와 물, 흙이 필요하다는 것을 알았기 때문에 구체적으로 해, 물, 흙이 식물에게 어떤 도움을 주는지 알아보는 활동입니다. 저는 이해를 돕기 위한 관련 영상을 시청한 후 해와 물, 흙이 하는 일을 이야기 나누고 알아본 내용을 정리했습니다. 그리고 해, 물, 흙 말고도 식물이 잘 자라는 데 도움을 주는 '벌'과 '나비', '지렁이'가 하는 일도 알아보았습니다.

Interaction_상호작용하기

'우리가 도와줄게' 역할놀이를 해 봅시다.
- 하고 싶은 역할을 정해 봅시다.
- 선생님이 보여 주는 그림과 글을 보며 역할에 맞는 말과 행동을 해 봅시다.

'우리가 도와줄게' 역할놀이하기

먼저 하고 싶은 역할을 정한 다음 역할에 맞는 머리띠를 만듭니다. 머리띠는 교과서 뒤에 있는 학습도움자료 중 '머리띠 만들기' 카드④를 활용하면 됩니다. 머리띠를 만든 후에 역할에 맞는 말과 행동을 전체 활동으로 연습합니다. 충분한 연습 후에 모둠별로 역할을 나누어 역할놀이를 합니다.

교과서 뒤에 있는 역할극 머리띠 카드는 가위로 오리지 않고 뜯어내고 붙이기만 하면 만들 수 있어서 만드는 데 많은 시간이 들지는 않았어요. 하고 싶은 역할을 정하고 자기가 맡은 역할 카드를 머리띠에 붙이게 했는데 다들 '새싹' 역할을 하고 싶어 해서 조금 곤란했습니다. 다들 새싹을 붙였더라고요! 역할극 머리띠는 둥그니까 4개의 역할(새싹, 물, 흙, 햇빛)을 돌아가며 4방향으로 붙여 놓으면 필요한 역할을 바꾸어 가며 해당 역할을 이마에 오도록 돌려서 역할극을 할 수 있습니다.

전체적으로 역할극 연습을 먼저 하고 모둠 친구들과 역할을 나누어서 해 보게 했는데 서로 하고 싶은 역할이 겹치는 경우 가위바위보를 하게 했습니다.

Meaning_의미와 가치 찾기

활동 1과 2를 배우면서 알게 된 것은 무엇인가요?
활동 3 역할놀이를 하면서 느낀 점은 무엇인가요?

배움 정리하기

활동한 내용을 하나씩 짚어 주며 알게 된 점과 느낀 점에 관하여 이야기를 나눕니다. 식물이 잘 자라는 데 필요한 것이 무엇이 있었는지 해, 물, 흙이 하는 일은 무엇인지 이야기하고 역할놀이를 하면서 생각하거나 느낀 점을 말해 봅니다.

식물이 자라는 데 필요한 것에 대하여 막힘없이 잘 이야기했고 해와 물, 흙이 하는 일에 대해서도 유창하지는 않지만 잘 정리해서 말했습니다. 역할놀이를 하면서 느낀 점으로 그냥 "재미있었어요."나 "좋았어요."라는 이야기들이 많이 나왔는데 한 친구가 "진짜처럼 실감 났어요."라고 말해서 깜짝 놀랐어요. 그런 표현을 할 거라고 기대하지 못했거든요. 저는 "식물이 잘 자라려면 여러 가지 도움이 필요하다."라거나 "식물이 잘 자라기 위해 많은 시간과 노력이 필요하다."라거나 "식물을 잘 돌보아야겠다."라는 대답을 바랐지만 그런 응답은 쉽게 나오지 않았습니다. 그래서 발문을 좀 더 구체적으로 했습니다.

> "역할극을 하고 나서 식물이 잘 자라려면 어떻게 해야 한다는 생각이 들었나요?"라고 물었더니 "잘 돌보아야 해요." "햇빛을 잘 받게 해야 해요." 같은 이야기들이 나왔습니다. 1학년에게 맞는 발문에 대한 고민은 항상 필요한 것 같아요.

수업+더하기

오늘처럼 모둠을 정하거나 역할을 정하는 경우, 1학년 친구들은 자신들의 욕구가 수용되지 못하면 많이 속상해하거나 토라져서 "안 할래요!" 하는 때도 있다. 하고 싶은 것이 겹쳐서 서로 하겠다고 고집을 부리기도 한다. 1학년 친구들이 쉽게 결과를 받아들일 수 있는 결정 방법으로 대표적인 것은 '가위바위보'이다. 순서를 정하거나 역할을 정할 때 가위바위보를 하게 하면 대부분 '어쩔 수 없지.' 하고 받아들인다.

그러나 가끔 결과에 승복하지 못하고 "하고 싶단 말이에요!" 하면서 고집을 부리거나 눈물까지 글썽이는 친구들이 있다. 매우 곤란하지만 무조건 안 된다고 하기도 어렵고 그렇다고 다 받아 주기도 어렵다. 이럴 경우 침착하게 대화를 시도해 본다.

"바름(가명)이는 이게 정말 하고 싶구나."

"네!"

"그래, 선생님도 바름이가 이 역할을 잘할 수 있을 거라고 생각해. 그렇지만 역할을 가위바위보로 정하기로 했고 바름이가 져서 선생님도 어쩔 수가 없어. 이건 우리가 약속한 거라는 걸 바름이도 알지?"

"네."

"혹시 가위바위보에 이긴 기쁨(가명)이가 양보해 줄 수 있는지 선생님이 물어볼게. 기쁨아, 바름이는 이 역할이 정말 하고 싶다고 하는데 혹시 양보해 줄 수 있겠니?"

이쯤에서 기쁨이가 양보해 주면 일은 순조롭게 마무리된다. 혹시 기쁨이가 양보를 해 줄 수 없다고 하면 다시 바름이를 달래 주는 수밖에 없다.

"기쁨이도 이 역할이 꼭 하고 싶은가 봐. 우리는 가위바위보로 정하기로 했고 기쁨이가 양보해 주면 고맙지만, 그럴 수 없다면 바름이가 이 상황을 이해하고 받아들여 주면 안 될까?"

이렇게 대화를 시도하면 거의 90퍼센트 이상 기쁨이가 양보해 준다. 양보해 주지 않을 경우 다시 바름이를 달래 주면 교사가 바름이의 감정을 헤아려 주는 동안 마음이 많이 진정됐기 때문에 거의 대부분 고개를 끄덕이게 된다.

그래도 합의가 안 되면 새로운 대안을 제시해야 한다. 예를 들면 역할극을 두 번 하되 처음은 기쁨이가 하고 두 번째는 바름이가 하는 것이다. 적절한 합의점을 찾을 수 있도록 도와준다. 이런 갈등 상황에서 쉽게 교사가 결론을 내리고 좀 강한 어조로 상황을 정리하고 넘어갈 수도 있다. 그렇게 하는 것이 훨씬 효율적이지만 그보다 조금 번거롭고 시간이 걸리더라도 이렇게 대화와 합의의 과정을 도와줌으로써 1학년 친구들은 갈등 상황을 해결하기 위한 의사소통 기술을 배울 수 있다.

이러한 경험들이 쌓이면 교사가 개입하지 않아도 어느 순간 1학년 친구들끼리 스스로 양보를 하거나 합의점을 찾아내기도 한다. 그런 장면을 볼 때 내 마음은 몽글몽글해지고 뿌듯함으로 가슴이 벅차오른다. 아이들이 성장하는 모습은 늘 짜릿하다.

나무야 고마워! 『두고 보자! 커다란 나무』

「"두고 보자! 이 몹쓸 나무!"
아저씨는 집으로 뛰어 들어가,
도끼를 들고 나왔습니다.
"두고 보자! 이 몹쓸 나무!"
아저씨는 커다란 나무를
베어 버리고 말았습니다.」

『두고 보자! 커다란 나무』 사노 요코 글/그림, 이선아 옮김, 시공주니어, 2004.

단원 및 차시명		2. 도란도란 봄 동산: 나무야, 사랑해(27~28/40)
핵심 질문		나무는 우리에게 어떤 도움을 줄까요?
관련 성취 기준	2015 개정 교육과정	[2바02-02] 봄에 볼 수 있는 동식물을 소중히 여기고 보살핀다.
	2022 개정 교육과정	[2바01-04] 생태 환경에서 더불어 살기 위해 노력한다.

수업의 개요

단계	활동	교수학습 자료
Great (만나기)	• 『두고 보자! 커다란 나무』 그림책 만나기 • 공부할 문제와 활동 순서 확인하기	• 나무야 고마워 영상 자료 https://youtu.be/szvoJ_BZks4 (출처: 유튜브 'EDU SH') • 환경 동요 「고마운 나무」 https://youtu.be/y8Bah7J1tfM (출처: 유튜브 '주니토니 동요 동화') • 나무야 고마워 카드 도안
Recognize (깨닫기)	• 나무가 주는 이로움 알아보기 • 나무를 소중히 다루는 방법 알아보기	

Interaction (상호작용하기)	• '나무야 고마워' 카드 만들기	
Meaning (의미와 가치 찾기)	• 나무를 아끼고 사랑하는 마음 다짐하기	

『두고 보자! 커다란 나무』도 글밥이 많은 그림책이다. 그림책 읽는 데 시간이 걸리기는 하지만 학생들이 그림책 끝날 때까지 숨소리도 안 내고 들을 만큼 집중해서 들었다.

나무의 여러 가지 이로움이 재미있는 그림체와 이야기로 표현되어 있고 마지막에 나무를 베어 버린 아저씨가 후회하며 우는 장면에 이어 베어 낸 나무 그루터기에서 다시 새싹이 자라는 것을 발견한 아저씨가 정성껏 나무를 가꾸는 장면으로 끝난다. 나무의 이로움을 생각해 보고 나무를 소중히 여기는 마음을 기르기에 안성맞춤인 그림책이다.

활동 과정

Great_만나기

『두고 보자! 커다란 나무』 그림책을 만나 봅시다.

> **생각 질문**
>
> 1. 아저씨는 왜 나무에게 "두고 보자!"라고 했나요?
> 2. 화가 난 아저씨는 나무를 어떻게 했나요?
> 3. 나무를 베고 나서 아저씨에게는 어떤 일이 생겼나요?
> 4. 나무는 우리에게 어떤 도움을 줄까요?
> 5. 나무를 아끼고 사랑하는 방법을 알아봅시다!

Recognize_깨닫기

나무는 우리에게 어떤 도움을 줄까요?
나무를 소중히 다루는 방법을 알아봅시다.
또 어떤 방법으로 나무를 아끼고 사랑해 줄 수 있을까요?

나무가 주는 이로움 알아보기

　영상과 삽화 자료를 살펴보고 나무가 우리에게 주는 이로움은 어떤 것이 있는지 이야기 나눕니다.

　나무가 동물들이 살아가는 보금자리가 되어 주고 맑은 공기와 그늘, 열매를 주며 나무로 종이와 여러 가지 제품을 만든다는 것은 자료를 통해 쉽게 알아내고 발표했습니다. 그러나 나무가 홍수나 가뭄, 산사태를 막아 주는 것에 대해서는 어떻게 그럴 수 있는지 설명이 조금 필요했습니다.

나무를 소중히 다루는 방법 알아보기

　통합교과 『봄』 교과서 88~89쪽 그림에 나오는 친구들의 행동을 보며 나무를 소중히 다루는 방법인지 아닌지 생각해 보고 O, X로 표시합니다. 이 방법 말고 또 어떤 다른 방법이 있는지 관련 영상을 본 후 이야기를 나눕니다.

Interaction_상호작용하기

나무의 고마움을 생각하며 '나무야 고마워' 카드 만들어 봅시다.

'나무야 고마워' 카드 만들기

여러 개의 나무가 이어진 모양의 도안을 준비합니다. 도안에는 나무를 아끼고 사랑하는 방법을 적을 수 있도록 빈칸이 포함된 문장을 적어 놓습니다. 1학년은 글씨를 쓰는 것을 어려워하기 때문에 문장 전체를 쓰기보다는 예시 문장에서 빈칸에 들어갈 수 있는 말을 생각해서 써 보게 했습니다. 학생 수준에 따라 빈칸에 들어갈 말을 따라 쓸 수 있도록 옅은 회색 글씨로 제시해 줄 수 있습니다.

먼저 빈칸에 들어갈 알맞은 말을 쓰고 도안을 색칠한 다음 가위로 오립니다. 이때 나무끼리 떨어지지 않게 연결해서 오려야 합니다. 카드를 연결하고 연결된 나무 모양을 앞뒤로 번갈아 접어서 완성합니다.

'나무야 고마워' 카드 만들기를 1학년과 해 보니 나무를 연결해서 오리고 앞뒤로 번갈아 접기를 어려워했습니다. 꼭 나무가 연결된 모양의 도안이 아니라 그냥 나무 모양 도안에 '나무를 아끼고 사랑하는 방법'을 정리해 보는 활동이면 충분할 것 같습니다.

나무야 고마워 카드를 만들어요!

Meaning_의미와 가치 찾기

활동 1과 2를 배우면서 알게 된 것은 무엇인가요?
활동 3 카드를 만들면서 느낀 점은 무엇인가요?
- 나무를 아끼고 사랑하기로 다짐해 봅시다.

나무를 아끼고 사랑하는 마음 다짐하기

활동 1과 2, '나무야 고마워' 카드를 만들면서 알게 된 점과 느낀 점을 이야기 나눕니다. 이야기 중에 나무를 아끼고 사랑해야 한다는 이야기가 나오면 자연스럽게 '다짐하기' 활동으로 넘어갑니다. 다 같이 선서하듯 손을 들거나 새끼손가락 고리 만들어 "나무를 아끼고 사랑하겠습니다!"라고 큰 소리로 말합니다.

수업+더하기

활동 중 또래 집단을 활용해서 다른 친구를 도와주게 하면 활동 시간이 오래 걸리는 친구들을 빨리 끝낸 친구가 도와줌으로써 시간적 개인차를 극복하는 데 도움이 된다. 다만 이럴 때 주의할 점은 그냥 도와주지 말고 "내가 도와줄까?"라고 꼭 물어보게 해야 한다. 어떤 학생들은 오래 걸리더라도 직접 하고 싶어 하기 때문이다. 그래서 말도 없이 도와준다고 손을 대면 오히려 내 물건을 허락 없이 만졌다고 속상해하는 일도 있다.

또 활동을 빨리 끝낸 학생 중에도 다른 친구를 돕기보다는 혼자서 선택 활동을 하고 싶어 하는 경우가 있다. 그래서 친구 도와주기를 지시하거나 강요하기보다는 권유하는 방식이 좋다고 생각한다.

"다 한 친구 중에 아직 다 못 한 친구를 도와줄 수 있는 친구 있나요? 괜찮다면 친구들을 도와주세요. 친구를 도와줄 때는 '내가 좀 도와줄까?'라고 먼저 물어보고 도와줍니다."

친구나 선생님의 도움이 필요한 학생이 자리에서 손을 들고 기다리게 하는 방법도 있다. 그럼 빨리 끝낸 친구들이나 교사가 손을 들고 있는 학생에게 다가가서 도와줄 수 있다.

이번 수업에서는 도움이 필요한 학생들에게 검사받을 때처럼 앞으로 나와서 줄을 서게 했다. 이렇게 차례차례 줄을 서게 하면 교사가 많이 움직이지 않고 차분하게 한 명씩 도와줄 수 있다. 또 활동을 빨리 끝낸 학생이 친구를 도와주고 싶다고 오면 줄 제일 마지막에 있는 학생부터 도와주게 하면 된다. 도와줄 친구가 줄 마지막에 있는 친구를 데리고 자리에 돌아가서 도와준다.

도움이 필요한 학생이 많이 있을 때는 줄을 서게 해서 차분하게 한 명씩 도와주는 것이 오히려 좋다. 도움을 요청하는 학생이 많으면 여기저기서 손을 들고 선생님을 부르거나 이야기를 하는 등 소란스러워지기 쉽기 때문이다. 도움이 필요한 학생이 소수일 경우는 자기 자리에서 손을 들고 기다리게 한다. 앞으로 나와서 줄을 서게 되면 줄을 서 있는 동안 질서를 유지하는 것이 어렵기 때문이다. 두 가지 방법의 장단점을 생각하면서 현장 상황에 맞게 적용하면 되겠다.

고학년은 학생들이 활동하는 동안 교사가 조금 여유를 가지고 학생들을 관찰하거나 평가할 수 있는데 1학년은 활동 내내 교사의 조언과 활동 지원이 필요해서 잠시도 숨 돌릴 틈이 없다. 한 친구를 지원하는 동안에도 사방에서 서로 "선생님! 도와주세요!" "선생님! 이거 맞아요?" "선생님! 찢어졌어요." "선생님 가위가 없어졌어요." 쉬지 않고 말을 걸어와서 얼마나 정신이 없는지 모른다. 그러다 당황하면 꼭 실수하게 된다. 그럴 때 나는 심호흡을 하며 혼자 마음속으로 스스로를 다독인다.

'침착하자. 하나씩 하나씩 시간이 걸리더라도 차분하게 해 보자.'

1학년 담임을 하려면 눈을 크게 뜨고 귀를 활짝 열고 마음은 지그시 눌러 가라앉혀야 한다.

세 번째 마당
여름

관련 교과	단원	영역(대주제)	핵심개념(소주제)
통합	1. 우리는 가족입니다	가족	가족과 친척
	2. 여름 나라	가족	여름맞이

감정을 담는 말, 그릇

 말은 감정을 담는 그릇이다. 그리고 말 그릇에 담긴 감정은 다른 사람을 변화시키는 힘이 있다. 알면서도 나는 많은 순간 이 힘을 현명하게 활용하지 못했다. 나는 주체하지 못한 감정을 넘치게 내 말에 담기 바빴고 가끔은 못나고 날카롭게 벼려진 비수 같은 감정을 말에 담아서 깨 버릴 듯 던지기도 했다. 부끄럽지만 나는 대부분의 시간, 그런 못난 교사였다.
 십여 년 전 6학년 실과 전담 수업 시간, 수업을 방해하고 장난을 치던 학생에게 머리끝까지 화가 나서 소리를 질렀다.
 "뭐야? 이게 지금 뭐 하는 짓이야?"
 내가 화를 내는데도 아랑곳하지 않고 피식 웃기까지 하는 학생 때문에 내 감정은 요동을 쳤다.
 "웃어? 버릇없이 어디서! 너, 아주 예의 없고 무식하구나!"
 내 말에 피식거리던 입이 일자로 굳어지고 빙글거리던 눈빛이 차가워졌다.
 "아닌데요!"
 "아니긴 뭐가 아니야? 지금 네 행동을 보니까 네가 어떤 앤지 뻔하다."
 더는 대꾸하지 않았지만 내 말에 수긍할 수 없다는 듯 똑바로 나를 쳐

다보던 눈빛, 그 딱딱한 표정이 주던 묘한 불안과 '내가 너무했나?' 싶은 뒤늦은 죄책감에 당황스러웠던 기억이 떠오른다.

그때의 나는 그런 비슷한 실수를 수도 없이 저지르고 후회하고 또 저지르고 후회했다. 그럴 때 어떻게 대처해야 할지 현명한 방법을 몰라 혼란스럽고 힘들었다. 나는 학생이 잘못을 부끄러워하고 죄책감을 느껴야 반성할 거라고 생각했다. 그래서 그 행동이 얼마나 잘못된 것인지 깨닫게 해 주고 싶어서 잘못 지적하기를 머뭇거리거나 미루지 않았다. 언제나 서둘러, 빠르고 신속하게, 그리고 따갑고 아프게 찔렀다. 움찔하라고, 따끔하라고, 그리고 다신 그러지 말라고…….

내 말 그릇에 담긴 감정은 학생들을 상처 주고, 가끔은 움찔이 아니라 욱하게 했을 뿐 내가 기대한 반성이나 변화는 일어나지 않았다. 무언가 잘못되었는데 무엇이 잘못된 것인지 알 수 없어 혼자 끙끙거렸다. 책도 읽어 보고 연수도 들어 보고 선배 교사에게 조언을 구하기도 하며 길을 찾아 헤맸다.

많은 시행착오와 실수를 거치면서 나는 조금씩 내 감정을 들여다보고 조절할 수 있게 되었다. 그리고 말을 하기 전에 이 말을 들을 학생의 마음을 헤아리는 여유도 찾게 되었다. 그리고 잘못에 대한 수치심과 죄책감은 더 큰 좌절과 반항을 가져올 뿐임을 깨달았다.

학생의 문제 행동을 훈육할 때, 나는 내 말 그릇에 부정적인 감정은 담지 않으려고 노력한다. 따뜻한 관심과 긍정적인 변화에 대한 믿음을 담으려고 한다. 또 감정을 쏟아부어 넘치게 담지도 않는다. 감정을 지나치게 소비하면 나도 학생도 서로 힘들다. 학생의 성품을 비하하는 말은 하지 않고 문제 행동과 관련된 말을 하되, 단호하면서도 친절하게 말하기 위해 노력 중이다.

요즘 나는 위와 비슷한 상황에서 이렇게 말한다.

"삐딱(가명)아, 삐딱이가 자꾸 손장난해서 선생님은 수업하기가 힘들고 불편해. 친구들한테 방해도 되니까 이제 그만 하세요."

그리고 멈출 때까지 눈을 떼지 않고 바라보다가 멈추면 "잘했어. 고맙구나." 하고 말해 준다.

1학년은 훈육할 때 단호하고 친절한 말을 다른 학년보다 훨씬 여러 번 반복해야 한다. 반복하고 반복하다 보면 점점 감정이 차올라서 통제력을 잃을 수 있기 때문에 각별히 조심하고 자신의 감정을 세심하게 들여다보아야 한다. 힘들어지는 순간 잠시 훈육을 멈추고 내 감정부터 돌보아야 한다.

같은 말을 반복할 때 나는 내가 로봇이 되었다는 상상을 한다. 로봇이라고 상상하면서 말하면 감정의 동요를 억제하는 효과가 있다. 이 로봇 이름도 지었다. '단호봇'이다. 단호한 훈육의 말을 감정 과잉 없이 반복하는 로봇이다. 만일 수업 시작종이 울렸는데 학생들이 자리에 앉지 않고 떠들거나 돌아다니고 있다면 나는 단호봇이 되어 "자리에 앉으세요."를 처음부터 끝까지 똑같은 감정을 담아 똑같은 말투로 반복한다. 그리고 마침내 학생들이 자리에 앉으면 "'자리에 앉으세요.'를 다섯 번 말했습니다. 선생님은 여러분이 한 번 만에 자리에 앉는 것이 소원입니다. 다음엔 더 노력해 주길 부탁합니다."라고 말한다. 그리고 다음에 더 빨리 앉으면 '마음 신호등'에 초록불을 켜 주기도 하고 반대로 더 늦어지면 빨간불을 켜기도 한다.

작년에 담임한 1학년 학생들은 개성과 에너지가 넘쳐서 예술 강사 선생님이나 영양 선생님을 힘들게 했었다. 영양 선생님은 영양 수업이 끝나고 나가시면서 내게 "선생님, 존경합니다."라고 말씀하시기도 했다. 예술 강사 선생님은 옆 반 학생들과 비교하면서 "이 반이 훨씬 힘드네요."라고 하소연을 하셨다.

그러나 2학기가 되고 학년말이 가까워질수록 우리 반 학생들의 변화가 느껴지기 시작했다. 어느 날은 예술 강사 선생님이 활동을 너무 열심히 잘해 줘서 고맙다고 학생들에게 사탕을 선물로 주시기도 했다.

'과연 될까?' 하는 의구심도 있었다. 그러나 아이들은 천천히, 조금씩 변화하고 성장했다. 그래서 학생들의 변화와 성장에 대한 기대를 친절하지만 단호한 말 그릇에 담아, 단호봇이 되어 반복하는 일은 힘들지만 도전할 가치가 있는 일이다.

나도 속상하고 서운한 마음에 묵직하고 차가운 말을 툭 던질 때도 있다. 그러나 신기하게도 아이들은 내 말보다 그 속에 담긴 내 걱정과 애정을 느끼고 더 가까이 다가와 주었다. 아이들은 본능적으로 말 그릇 속에 있는 감정을 느낀다. 단정하고 예쁜 말 그릇에 담아서 건넸을지라도 그 안에 담긴 감정이 뾰족하면 아파하고, 투박하고 거친 말 그릇에 담아서 건넸을지라도 그 안에 담긴 감정이 따뜻하면 포근해한다. 물론 말을 어떻게 하는가도 중요하지만, 더 중요한 것은 그 말 그릇 안에 어떤 감정을 담았는가이다.

선생님! 할 수 있어!

사랑(가명)이는 ADHD가 있어요. 하지만 사랑이 항상 폭발하는 친구랍니다. 저에게 손 하트와 손 뽀뽀를 날리고 제 손을 잡고 제 목을 끌어안으며 "선생님! 귀엽다! 선생님! 귀여워요!"라고 해 주는…….

그래서 제가 우리 학교 동료 선생님들한테 자랑도 합니다.

"우리 학교에서 제일 귀여운 사람이 누군지 아세요? 저예요, 저!"

어느 날 우리 사랑이가 수업 시간에 사용한 동물 카드를 잔뜩 주워 왔어요.

"선생님 오려 주세요!"

"이걸 다? 아니야… 이거 다 못 오려. 선생님 힘들어요. 선생님 힘들어. 못 해."

"오려 줘!"

"아니, 하나만… 하나만 오려 줄게. 이렇게 많이는 안 돼. 선생님 힘들어. 선생님 쓰러져."

저는 실감 나게 쓰러지는 연기를 선보였습니다.

책상에 엎어진 채 힘든 시늉을 하는 저를 안타까운 눈빛으로 바라보던 우리 사랑이…. 단호한 말투로 저를 일으켰습니다.

"선생님!! 할 수 있어!"

"……."

김 부수지 말라고!

딴짓 대마왕에 프로 참견러지만 밉지 않은 귀요미 동글(가명)이와 매일매일 티키타카 중이었어요. 어느 날은 급식 메뉴에 구운 김이 나왔어요.

"선생님, 이 김 부숴서 밥에 비벼 먹어도 돼요?"

"아니…. 안 그랬으면 좋겠구나."

"선생님, '고구마'는 벌써 김 부숴서 밥 비비는데요?"

고구마는 우리 반 고운(가명)이의 세컨드 네임입니다. 본인이 직접 지은…….

"고구마야, 김을 부수면 안 돼. 손이 지저분해졌잖니? 가서 손 다시 씻고 와요. 동글아, 봤지? 저렇게 손이 엉망이 되니 부수지 말고 먹으렴."

"하지만 선생님, 김을 부수시 않아도 밥에 싸 먹다 보면 손에 묻는걸요?"

이 순간 저는 제 감정을 돌볼 시간이 필요했습니다. 차분하게 심호흡을 한 번 하고 동글이 옆 빈자리에 조용히 앉았습니다.

"동글아, 물론 부수지 않고 먹어도 손에 묻지만 그건 겨우 한두 손가락에 묻는 거지. 온 손에 기름과 김 부스러기가 묻진 않을 거야. 그러니 이제 제발, 김 부술 생각 말고 밥 먹자."

"네."

끝까지 차분하게 설명해 준 나, 토닥토닥!

뛰지 말라고!

교실에서 뛰면 안 된다고 입이 마르고 닳도록 말했지만 그게 뭐… 될 리가 있나요? 그래도 계속 "뛰지 마세요!"라고 단호봇이 되어 반복해서 말합니다. 뛰는 친구가 보이면 3분짜리 모래시계를 주고 '원마커'를 깔아 준 다음 '타임아웃'을 선언합니다.

4교시 마치고 쉬는 시간 콩콩(가명)이가 딱 걸렸어요.

"이리 오세요. 3분 타임아웃입니다. 모래시계 들고 서세요."

"선생님, 전 안 뛰었는데요? 전 빠른 걸음인데요."

1학년들은 '뛰는 것'과 '빠르게 걷는 것'을 구분하지 못해요. 걷는 것도 느린 걸음, 보통 걸음, 빠른 걸음이 있는데 조금 서둘러야 할 필요가 있을 때 뛰지 말고 '빠른 걸음'으로 걸으라고 했더니 자꾸 뛰어 놓고는 '빠른 걸음'이라고 주장합니다.

"콩콩아, 네가 움직이는 걸 선생님이 봤는데 두 발이 바닥에서 떨어져서 쿵쿵거렸고 머리가 날려서 나풀거렸어. 쿵쿵거리고 나풀거리면 뛰는 거라고 했지?"

"아, 제가 깜빡했어요. 전 빠른 걸음을 하려고 했는데 제 다리가 제 말을 안 들었어요."

"아, 그랬구나. 다리가 콩콩이 말을 안 들었구나."

"선생님!! 다리가 너무해요. 제 말도 안 듣고……."

"아, 그래, 다리가 정말 너무했네. 그러니까 타임아웃!"

"다리 때문에 너무 속상해요. 너무 화나요."

저는 쪼그리고 앉아서 콩콩이의 다리를 감싸 안았습니다.

"콩콩이 다리야, 이제 콩콩이 말 잘 듣고 뛰지 말자. 타임아웃!"

"선생님, 그러니까 이건 제가 벌 받는 거 아니고 제 다리가 벌 받는 거죠? 저는 잘못 안 했는데 제 다리가 잘못했으니까 다리가 벌 서야 해서 그런 거죠?"

"음… 뭐… 그렇다고 볼 수 있지!"

동물을 닮았어요 『근사한 우리가족』

「나
자, 이건 나예요.
내겐 어떤 특징이 있는지
잘 모르겠어요.
여러분은요?」

『근사한 우리가족』 로랑 모로 글/그림, 박정연 옮김, 로그프레스, 2014.

단원 및 차시명		1. 우리는 가족입니다: 수업 만들기(4/40)
핵심 질문		우리 가족의 특징은 무엇일까요?
관련 성취 기준	2015 개정 교육과정	[2슬03-01] 우리 가족의 특징을 조사하여 소개한다.
	2022 개정 교육과정	[2슬01-03] 가족이나 주변 사람에게 관심을 갖고 함께 살아가는 모습을 탐구한다.

수업의 개요

단계	활동	교수학습 자료
Great (만나기)	• 『근사한 우리가족』 그림책 만나기 • 공부할 문제와 활동 순서 확인하기	• 무지 스크랩북 • 동물 그림 참고 자료
Recognize (깨닫기)	• 우리 가족의 특징 알아보기	

Interaction (상호작용하기)	• 우리 가족의 특징 동물로 표현하기 • 친구와 '가위바위보' 이야기 나누기	
Meaning (의미와 가치 찾기)	• 배움 정리하기	

『근사한 우리가족』은 가족의 특징을 동물로 비유했다. 힘이 센 오빠는 '코끼리', 타고난 몽상가에 노래를 잘하는 동생은 '새', 키가 크고 아름다운 엄마는 '기린'이고 털이 수북하고 사나운 아빠는 '사자'로 표현했다.

학생들과 이 그림책을 함께 읽고 우리 가족의 특징은 무엇인지, 어떤 동물과 비슷한지 가족의 특징과 비슷한 동물을 떠올려 보고 '무지 스크랩북'을 활용해서 '우리 가족 동물 그림책'을 만들어 보았다.

활동 과정

Great_만나기

『근사한 우리가족』 그림책을 만나 봅시다.

생각 질문

1. 우리 오빠는 어떤 동물로 표현했나요?
2. 왜 '코끼리'로 표현했을까요?
3. 남동생은 어떤 동물로 표현했나요?
4. 왜 '새'로 표현했을까요?
5. 아빠는 왜 '사자'로 표현했을까요?
6. 엄마는 왜 '기린'으로 표현했을까요?
7. 여러분 가족은 어떤 동물로 표현할 수 있을까요?

Recognize_깨닫기

선생님의 딸은 얼굴이 하얗고 몸이 아주 유연합니다.
- 어떤 동물로 표현하면 좋을까요?
선생님의 아들은 수영과 잠수를 좋아합니다.
- 어떤 동물로 표현하면 좋을까요?
이 동물을 보고 떠오르는 가족이 있나요?
왜 그 가족이 생각났나요?
우리 가족의 특징을 다음처럼 말해 봅시다.
- 우리 ○○○는 □□□처럼 △△△입니다.

우리 가족의 특징 알아보기

가족사진을 보고 떠오르는 동물을 이야기합니다. 왜 그 동물이 떠올랐는지 이유도 말해 봅니다.

동물 사진을 보고 떠오르는 가족이 있다면 누가 떠오르는지, 그 가족의 어떤 특징이 동물과 닮았는지 말해 보고 우리 가족의 특징을 동물에 빗대어 문장으로 표현합니다.

  저는 실제 저희 아들과 딸의 어릴 적 사진을 보여 주고 특징을 설명한 다음 어떤 동물과 비슷한지 물어보았습니다. 우리 반 친구들은 딸은 토끼, 고양이 등으로 표현하면 좋겠고 아들은 물개, 고래 등으로 표현하면 좋겠다고 했습니다. 제 예상 답안과 비슷했습니다. 저는 그중에서 토끼와 고래를 골라서 토끼 그림과 고래 그림을 보여 주었습니다. 선생님 아들과 딸이라고 소개하니 엄청 흥미를 보였습니다. 교사의 가족사진을 자료로 활용하기 부담스럽다면 연예인 사진을 보여 주고 어떤 동물과 비슷한 특징이 있는지 이야기해 보는 것도 좋겠습니다.

  '곰'과 '강아지' 사진을 보여 주며 어떤 가족이 생각나는지 이야기를 나누고 왜 그 가족이 생각났는지 말해 보았습니다. 많이 먹는 아빠가 곰 같다는 친구도 있고 힘이 센 아빠가 곰 같다는 친구도 있었습니다. 귀여운 동생이 강아지 같아서 생각난다는 친구, 엄마가 예뻐서 강아지를 보니까 생각난다는 친구도 있었습니다.

  다음으로 가족의 특징을 문장으로 표현했습니다. 앞에서 저희 아들과 딸을 동물로 표현했던 것을 떠올려 "우리 딸은 토끼처럼 하얗고 귀엽습니다." "우리 아들은 고래처럼 수영을 잘합니다."와 같이 예시 문장을 먼저 들려주었습니다. 또 학생들이 곰과 강아지를 보며 떠오른 가족을 소재로 예시 문장을 몇 가지 더 만들어 보았습니다. 그 후에 다른 가족들도 동물과 비슷한 특징이 있는지 생각해 보고 문장으로 표현해 보게 했더니 재미있는 문장들이 많이 나왔습니다.

  "우리 동생은 거북이처럼 느립니다."
  "우리 엄마는 고양이처럼 따뜻합니다."

"우리 아빠는 돼지처럼 밥을 2그릇 먹습니다."

친구들이 발표하는 내용이 재미있는지 하하호호 웃으며 즐겁게 활동했습니다.

Interaction_상호작용하기

'우리 가족 동물 그림책'을 만들어 봅시다.
- 준비물을 알아봅니다.
- 만드는 순서를 알아봅니다.

친구와 '가위바위보' 이야기 나누기를 해 봅시다.
- 활동 방법을 알아봅니다.
- 노래가 시작되면 출발합니다.

'우리 가족 동물 그림책' 만들기

준비물 알아보고 만드는 순서를 알아본 다음 '무지 스크랩북'에 가족을 닮은 동물 그림을 그려서 '우리 가족 동물 그림책'을 만듭니다. 준비물은 무지 스크랩북과 '동물 그림 참고 자료', 색연필이나 사인펜, 연필과 지우개가 필요합니다. 표지에 제목과 이름 쓰고 연필로 가족과 닮은 동물 밑그림 그린 다음 색연필이나 사인펜으로 색칠합니다.

무지 스크랩북

'동물 그림 참고 자료'는 동물을 그릴 때 어떻게 그려야 할지 몰라 힘들어하는 학생들을 위한 자료입니다. 참고 자료를 보고 그려도 되고 참고 자료에 없는 동물을 그려도 된다고 안내했습니다.

무지 스크랩북은 책 형태로 만들어진 두꺼운 무지 종이입니다. 그림책 만들기 활동에 유용합니다. 책 표지에 제목을 쓰고 책을 펼쳐서 가족을 동물로 표현한 그림을 그려 보게 했습니다.

수업 중에는 가족 중 1명만 우선 그려 보게 하고 그다음 활동인 '가위바위보 이야기 나누기' 활동으로 넘어갔습니다. 타이머로 시간을 설정해 주고 정해진 시간 동안 그리게 한 후 시간이 남는 친구들은 다른 가족을 더 그려 보게 했습니다. 완성 못 한 그림책은 '다음에 할게요' 바구니에 보관했다가 자투리 시간을 이용해서 다른 가족 그림까지 더 그려 완성해 보게 했습니다.

친구와 '가위바위보' 이야기 나누기

「아기 상어」 노래를 들으며 교실을 조용조용 걸어 다니다가 노래가 멈추면 친구와 만나 가위바위보를 합니다. 이긴 친구가 먼저 가족을 동물로 표현한 그림을 보여 주며 가족의 특징을 소개합니다. 이긴 친구의 이야기를 잘 들은 다음 진 친구도 가족의 특징을 소개합니다. 노래가 시작되면 출발합니다.

'우리 가족 동물 그림책'을 가지고 활동했습니다. 친구와 만나면 이긴 친구부터 먼저 그림책을 펼쳐서 동물 그림을 보여 주고 앞서 연습한 문장을 활용하여 "우리 ○○○은 □□□처럼 △△△합니다.'라고 가족의 특징을 동물에 빗대어 소개하면 됩니다.

활동 배경 음악으로는 「아기 상어」 노래를 활용했습니다. 이 노래가 가족을 상어로 표현한 노래여서 이번 활동에 안성맞춤이라는 생각이 들었습니다. 아이들이 엄청 좋아하기도 하고요.

우리 가족 동물 그림책을 들고 친구와 '가위바위보' 이야기 나누기 활동하는 모습

Meaning_의미와 가치 찾기

우리 가족의 특징을 동물과 관련지어 소개해 봅시다.
오늘 활동으로 알게 된 사실이나 느낀 점을 말해 봅시다.

배움 정리하기

가족의 특징 소개하기에서 깨닫기 단계부터 반복해 온 문장을 다시 활용했습니다. 가족의 특징을 동물과 관련지어 '우리 ○○○은 □□□처럼 △△△합니다.' 형태로 말해 보게 했습니다. 같은 문장 형태를 깨닫기와 상호작용하기 단계에서 연습했기 때문에 정리 단계에서는 처음보다 더 유창하게 문장으로 표현하는 모습을 볼 수 있었습니다.

수업+더하기

'우리 가족 동물 그림책' 만들기에서 '동물 그림 참고 자료'를 제공했다. 예시 자료나 참고 자료를 제시하는 경우 아이들이 창의적으로 표현하는 데 도리어 방해가 될 수도 있다. 그러나 1학년 학생들은 참고할 만한 경험이 많지 않기 때문에 아무런 자료 없이 새로운 것을 생각하는 것에 대한 부담이 크고 자칫하면 활동에 대한 두려움이나 거부감이 생길 수 있다.

1학년에게는 충분한 예시와 참고 자료가 도움이 된다는 것을 경험을 통해 느꼈다. 처음에는 똑같이 따라 하는 것에 만족하던 친구들도 경험이 쌓일수록 새로운 것에 도전하고 싶어 하고 그러한 경험을 바탕으로 창의적인 표현도 할 수 있었다. 다만 똑같이 따라 하기보다는 조금만 다르게, 비슷하게 해 보자고 권유하는 것이 좋겠다.

더욱이 이번 수업에서 동물 그림을 그리는 활동은 수업의 성취기준과 관련성이 없고 가족의 특징을 어떤 동물과 관련지어 생각해 내느냐가 중요하기 때문에 동물 그림을 창의적으로 잘 표현할 필요는 없는 수업이다. 만약 동물 그림을 창의적으로 표현해야 하는 수업이라면 참고 자료 사용의 장단점에 대해서 다시 고민해 보아야 할 것이다.

예전에, 그러니까 꽤 오래전에 1학년을 담임했을 때, 교과서가 통합 교과서가 아니라 『바른 생활』『즐거운 생활』『슬기로운 생활』이던 시절, 나는 '바슬즐'은 없고 '국어', '수학'만 있었으면 좋겠다고 생각했다. 그래서 처음부터 끝까지 애들 조용히 앉혀 놓고 쓰고 계산하고 읽고 색칠하기만 하면 좋겠다고……. 그땐 1학년 친구들과 활동을 하고 놀이를 하는 게 얼마나 힘들던지! 소통도 안 되고 질서도 없고 싸우고 울고 삐지고 그래서 의미도 없던 활동들……. 1학년 학생들에게 이 교육과정은 무리고 현실성이 없다고 생각했는데 지금 생각해 보면 한없이 부족한 교사였다. 부끄러울 뿐이다.

그 시절 수업을 놀이나 활동을 중심으로 하고 나면 뭔가 엄청 많이 한 것 같고 힘은 너무너무 많이 드는데 남는 건 없다는 느낌이 들었다. 준비와 연구가 부족했다는 생각은 왜 못 했을까? 활동이 끝나면 "자, 이제 그만!"으로 마무리하느라 마음만 급했다. 놀이와 활동에서 의미와 가치를 찾고 왜 이 활동을 했는지 이 활동으로 무엇을 느끼고 알게 되었는지 나누는 시간을 가질 생각도 그럴 힘도 없었다(너무 힘들어서 얼른 마치고 싶은 마음뿐)!

학생 활동이 중심이 되는 학생 주도형 수업을 하기 위해서는 먼저 학습 훈련이 잘되어 있고 학급 규칙이 잘 지켜질 수 있도록 '학급 세우기'가 바탕이 되어야 한다는 것을 너무 늦게 알게 되었다. 그래도 이제라도 알게 되어 참 다행이다.

놀이를 하기 전에는 반드시 놀이의 규칙을 알아보고 놀이를 하는 목적을 안내하며 놀이를 하는 동안 지켜야 할 주의사항을 반복해서 강조해야 한다. 설명이 끝난 뒤에 학생들의 질문을 듣고 응답을 해 주며 준비물을 미리 준비해서 계획된 시간 안에 활동을 마치는 것이 좋다. 놀이 후에는 놀이 활동의 목적을 상기시키고 놀이를 통해 느낀 점과 알게 된 점 등 서로의 생각을 나누며 수업 목표에 도달할 수 있도록 도와야 한다.

이렇게 놀이를 수업에 바르게 활용한다면 놀이만큼 즐거우면서도 효과적인 학습 활동이 없다. 특히 1학년 학생들이라면 더더욱 그렇다.

마음을 표현해요 『할머니 주름살이 좋아요』

「"할머니, 주름살이 걱정되세요?"
내가 물었어요.
"전혀 걱정되지 않아. 이 주름살 속에는
내 모든 기억이 담겨 있거든!"
할머니가 말했어요.」

『할머니 주름살이 좋아요』 시모나 치라올로 글/그림, 엄혜숙 옮김, 미디어창비, 2016.

단원 및 차시명	1. 우리는 가족입니다: '우리는 가족입니다.' 안녕!(40/40)
학습 주제	가족에 대한 마음을 표현해요.
관련 성취 기준	2015 개정 교육과정	[2즐03-01] 가족 구성원이 하는 역할을 고려하여 고마운 마음을 작품으로 표현한다. [2즐03-02] 가족이나 친척이 함께 한 일을 다양한 방법으로 표현한다.
	2022 개정 교육과정	[2즐01-03] 가족이나 주변 사람과 소통하며 어울린다.

수업의 개요

단계	활동	교수학습 자료
Great (만나기)	• 『할머니 주름살이 좋아요』 표지 그림 살펴보기 • 『할머니 주름살이 좋아요』 그림책 읽기 • 공부할 문제와 활동 순서 확인하기	• 마음 카드 • 선물 책 만들기 도안 • 선물 책 만들기 참고 영상 https://youtube.com/shorts/vtxDoqHCN2c?feature=share (출처: 유튜브 '배달샘퐁퐁')

Recognize (깨닫기)	• 그림책 속 마음 찾기	
Interaction (상호작용하기)	• 마음 이야기하기 • 마음 표현하기	
Meaning (의미와 가치 찾기)	• 배움 정리와 다짐하기	

『할머니 주름살이 좋아요』라는 그림책은 할머니의 생신날 할머니와 손녀가 할머니의 주름살을 하나하나 짚어 보며 추억을 떠올리는 이야기이다. 할머니와 손녀의 사랑스러운 대화와 따뜻하고 부드러운 그림체가 읽는 사람의 마음을 울컥하게 만드는 아름다운 그림책이다.

이번 차시는 '우리는 가족입니다' 단원을 창의적 사고 역량을 활용하여 마무리할 수 있도록 접근한 차시이다. 『할머니 주름살이 좋아요』 그림책을 함께 읽고, 학생들이 '우리는 가족입니다'에서 다루었던 내용을 떠올리며 가족, 친척에 대한 마음을 표현하는 경험을 통해 가족의 소중함을 되새길 수 있도록 했다.

활동 과정

Great_만나기

그림책의 주인공은 누구누구일까요?
할머니와 손녀의 모습에서 어떤 마음이 느껴지나요?
『할머니 주름살이 좋아요』 그림책을 함께 읽어 봅시다.

생각 질문

1. 오늘은 어떤 날인가요?
2. 할머니 주름 안에는 무엇이 담겨 있나요?
3. 손녀는 자기를 처음 보았을 때를 기억해 주는 할머니에게 어떤 마음이 들었을까요?

표지 그림 살펴보기

　그림책 표지를 살펴보며 그림책의 주인공과 내용을 짐작해 봅니다. 표지 그림에 있는 두 사람이 어떤 관계인지, 두 사람의 모습에서 어떤 마음이 느껴지는지 이야기를 나눕니다.

그림책 함께 읽기

　그림책 장면을 하나씩 보며 교사와 학생이 할머니와 손녀 역할을 나누어 읽어 봅니다. 그림만 나오는 장면에서는 그림 속에서 할머니를 찾아보고 어떤 추억인지 이야기 나눕니다. 그림책을 다 읽은 후 3번부터 5번까지 생각 질문에 답을 해 봅니다.
　이번 그림책은 영상을 보여 주거나 제가 다 읽어 주지 않고 학생들과 역할을 나누어 함께 읽어 보았습니다. 글밥이 많은 편이고 우리 반 학생들이 아직 읽기 유창성이 부족하기 때문에 전체 글을 함께 읽지는 못하고 손녀가 말하는 부분만 읽어 보게 하였습니다.
　그림책을 함께 읽으면서 중간중간 그림책 장면 관련 이야기를 나눌 수 있어서 좋았습니다. 이번 그림책은 글밥 없이 그림만 나오는 장면에서 할머니의 어린 시절, 젊은 시절 추억 이야기를 학생들과 함께 나눌 수 있었습니다.

Recognize_깨닫기

손녀는 할머니에게 어떤 말을 했을까요?
여러분이 손녀라면 할머니에게 어떤 선물을 드리고 싶나요?
손녀의 축하를 받고 할머니는 어떤 마음이 들었을까요?
손녀는 할머니께 선물을 드릴 때 어떤 마음이었을까요?

그림책 속 마음 찾기

그림책 마지막 장면을 보면서 그림책 속에 나타난 할머니와 손녀의 마음을 이야기합니다.

『할머니 주름살이 좋아요』 마지막 장면

그림책 마지막 장면은 할머니의 생신날 가족들이 축하하는 장면입니다. 이 장면 하나로 많은 질문이 가능해요. 할머니의 가족이 누구누구인지, 가족들의 표정을 통해 알 수 있는 마음은 무엇인지 등 여러 가지 질문이 가능하지만, 이 수업에서는 '할머니'와 '손녀'에 집중하려고 했습니다. 1학년은 '손녀'에 감정을 대입하기 쉬울 것 같았어요. 그래서 이 장면에서 손녀의 마음은 어땠을지, 또 할머니는 어떤 마음이 들었을지 생각해 보게 했습니다. 상호작용 단계에서 '선물'을 만드는 활동을 해야 해서 그림에는 손녀가 선물을 주는 장면이 없지만 무슨 선물을 주었을지, 나라면 무슨 선물을 하고 싶은지도 이야기 나누었습니다.

그림책 질문 수업

그림책을 읽고 나면 질문하는 시간이 필요합니다. 최근 수업에서 '질문'이 중요하다는 인식이 확산되면서 '질문'의 중요성이 커지고 있어요. 그림책 수업에서도 '질문'은 수업의 핵심입니다.

질문의 종류는 기준이나 나누는 사람의 관점에 따라 여러 가지로 나누어집니다. 책을 읽고 할 수 있는 질문은 크게 2가지로 나눌 수 있습니다. 책 속에 답이 나오는 질문과 책 속에는 없고 생각하거나 상상해야 답을 할 수 있는 질문입니다.

1학년과 그림책 수업을 하면서 할 수 있는 질문은 상당히 제한적입니다. 학생들이 호기심을 갖게 만들고 새롭게 생각하는 경험을 할 수 있도록 하기 위해 다양한 질문을 효과적으로 사용하는 노력이 꼭 필요합니다. 저도 그림책을 읽으면서 최대한 많은 질문을 만들어 보고 수업에 활용 가능한 질문이 무엇이 있을지 늘 고민합니다. 그리고 더 나아가 제가 질문을 만들지 않고 학생들이 책을 읽고 스스로 질문을 만들 수 있는 수업을 꿈꾸고 있습니다.

Interaction_상호작용하기

'마음 카드놀이' 방법을 알아봅시다.
모둠별로 '마음 카드놀이'를 하며 가족, 친척에 대한 마음을 이야기해 봅시다.
가족이나 친척에게 주고 싶은 선물을 표현해 봅시다.

마음 이야기하기

　모둠별로 모여서 마음 카드를 펼쳐 놓고 가위바위보로 순서를 정합니다. 순서대로 원하는 마음 카드를 한 장씩 가져갑니다. 가족이나 친척에게 카드에 나온 마음을 느낀 경험을 이야기합니다. 이야기하면 카드를 가져갈 수 있고 이야기가 생각나지 않으면 카드는 원래 자리에 다시 놓습니다. 마음 카드놀이를 하며 가족이나 친척에게 고마운 마음이나 사랑하는 마음을 느낀 경험을 나눕니다.

　카드놀이 방법을 알아보고 카드놀이를 하기 전 자리를 모둠으로 만들었습니다. 모둠 자리가 만들어지면 준비한 마음 카드를 모둠별로 나누어 주었습니다. 마음 카드는 '사랑합니다', '고맙습니다', '감사합니다', '보고 싶습니다' 4가지 종류를 각각 2개씩 만들어 8장을 준비했고 모둠 인원은 3~4명으로 구성했습니다.

　마음 카드놀이로 마음 이야기하기 활동이 끝나면 자리는 다시 원래대로 만듭니다. 모둠별로 앉으면 1학년은 산만해지기 쉽답니다. 모둠 활동이 필요할 때만 잠깐씩 모둠 자리로 배치해야 합니다.

마음 표현하기

선물상자 책 만들기 준비물 알아보고 만드는 방법을 설명합니다. 선물상자 책에 가족이나 친척에게 주고 싶은 선물 그림으로 그립니다.

선물상자 책은 펼침 책으로 만들었습니다. 적당한 도안을 찾지 못해서 직접 만들고 만드는 영상도 찍어서 학생들에게 보여 주었습니다. 선물을 그리는 데 중점을 두고 싶어서 선물상자 책을 색칠하거나 오리지는 않게 도안은 컬러로 준비하고 미리 오려서 나누어 주었습니다. 접는 것만 영상을 보면서 접고 바로 선물 그림 그리기 활동을 할 수 있도록 했습니다.

마음 표현하기 활동 중 이루어지는 과정중심평가와 개별 피드백

선물상자 책을 만드는 동안 과정중심평가를 위해 학생들을 한 명 한 명 찾아다니며 관찰평가를 했습니다. 그림을 잘 그리는 표현 기능보다는 가족을 생각하는 마음이 잘 나타나는지에 중점을 두고 관찰하면서 무엇을 어떻게 표현할지 어려워하는 학생들에게는 적절한 피드백을 제공했습니다.

완성된 선물상자 책

Meaning_의미와 가치 찾기

오늘 배움을 통해 생각하거나 느낀 점은 무엇인가요?
가족이나 친척에게 하고 싶은 말을 해 봅시다.

수업+더하기

1학년은 모둠 활동 경험이 없다. 처음 모둠 활동을 할 때, 1학년 친구들이라 책상과 의자를 돌리거나 조금 옮기는 일이 버거울 수 있어서 많이 걱정했는데 생각보다 수월하게 모둠 자리를 만들 수 있었다.

고학년 친구들과 수업을 할 때는 그 수업 활동 중 모둠 활동이 있는 경우 수업 시작부터 자리를 모둠으로 배치하고 수업을 하기도 한다. 그러나 1학년은 그럴 수 없다. 자리를 모둠으로 배치하는 순간 학생들의 관심은 선생님을 떠나 친구들을 향하게 된다. 그래서 모둠 활동이 필요한 단계 바로 전에 자리를 모둠으로 만들고 활동이 끝나면 바로 모둠 자리를 풀어 원래대로 배치해야 한다.

잠깐의 모둠 활동을 위해 많은 수고가 필요하지만 혼자 공부할 때와는 달리 짝 활동, 모둠 활동으로 상호작용의 범위가 확장되면 사고의 확장도 일어나기 때문에 모둠 활동을 통한 협력 학습은 학생들에게 꼭 필요한 경험이다.

이번 수업에서 '마음 카드놀이'를 모둠별로 진행했다. 카드놀이가 끝난 뒤에 전체 발문이 몇 가지 있었다. 가족과 친척에게 마음을 표현하는 방법에는 어떤 것이 있는지, 선물로 마음을 표현한다면 누구에게 무슨 선물을 하고 싶고 왜 그 선물을 하고 싶은지 물어보았는데 자리를 모둠별로 배치한 상태에서 발문을 진행했더니 질문에 집중을 잘하지 못했다. 게다가 마음 카드까지 거두지 않고 그대로 모둠 자리에 놓아두었더니 카드를 계속 만지는 학생, 친구와 이야기하는 학생, 손장난을 치는 학생 등 딴짓 축제가 벌어졌다.

속으로 아차! 싶었다. '발문하기 전에 자리부터 정리하고 카드를 걷었어야 했는데…….' 하는 뒤늦은 후회가 일렁일렁 차올랐다. 카드는 발문을 하다가 중간에 급히 걷었지만 발문은 끝까지 다 하고 자리를 원래대로 돌려야 했다. 모둠 자리를 만들 때도 노래를 들으며 했고 원래대로 돌릴 때도 음악을 틀어 주는데 발문 중간에 음악을 들으며 자리를 옮기고 발문을 이어 가기는 어렵다고 판단했기 때문이다.

 이번 실수를 거울삼아 다음 모둠 활동 때는 딱! 활동할 때만 모둠 자리로 배치하고 바로 원위치로 돌려야겠다고 다짐했다. 1학년의 주의는 방심하는 순간 산만해진다는 것을 잊지 않아야겠다.

여름이 두둥!『여름이 왔어요』

「여름이에요.
햇볕이 참 뜨거워요.
모두 시원한 옷을 입었어요.
내 동생은 발가벗었어요.
곡식들이 쑥쑥 자라요.
이 감자 좀 보세요.
맛있겠지요?」

『여름이 왔어요』 윤구병 글, 정지윤 그림, 휴먼어린이, 2011.

단원 및 차시명		2. 여름 나라: 여름 나라로 떠나요(4~5/40)
학습 주제		친구들과 함께 여름을 느껴요.
관련 성취 기준	2015 개정 교육과정	[2슬04-01] 여름 날씨의 특징과 주변의 생활 모습을 관련짓는다. [2즐04-01] 여름의 모습과 느낌을 창의적으로 표현한다.
	2022 개정 교육과정	[2슬03-02] 계절과 생활의 관계를 탐구한다. [2즐03-02] 자연의 변화를 느끼며 놀이한다.

수업의 개요

단계	활동	교수학습 자료
Great (만나기)	•『여름이 왔어요』그림책 만나기 • 공부할 문제와 활동 순서 확인하기	• 여름철 소리를 찾아서(여름 소리 퀴즈 영상) https://youtu.be/FTXM13WvMfw (출처: 유튜브 '임샘 tv') • 아이스크림 책 도안
Recognize (깨닫기)	• 여름 소리 퀴즈 맞히기 • 지난여름의 추억 떠올리기 • 여름 모습 관찰하기	

Interaction (상호작용하기)	• 여름 모습 표현하기	
Meaning (의미와 가치 찾기)	• 여름 느낌 이야기하기	

『여름이 왔어요』는 여름 날씨와 옷차림, 여름에 볼 수 있는 풍경과 여름에 먹을 수 있는 과일 등 여름 종합 선물 세트 같은 그림책이다.

『여름이 왔어요』 그림책을 읽고 학생들이 경험한 여름 이야기를 나누며 여름에 대한 기억을 떠올릴 수 있게 했다. 그리고 여름에 볼 수 있는 것, 들을 수 있는 것, 맛볼 수 있는 것, 여름의 냄새와 만져서 느낄 수 있는 것 등, 다섯 가지 감각으로 여름의 관찰하고 그 느낌을 표현했다.

활동 과정

Great_만나기

『여름이 왔어요』 그림책을 만나 봅시다.

생각 질문

1. 여름이 되면 볼 수 있는 것은 무엇일까요?
2. 여름에는 어떤 냄새를 맡을 수 있나요?
3. 여름이 되면 들을 수 있는 소리는 무엇일까요?
4. 여름이 되면 어떤 맛을 느낄 수 있나요?
5. 만지면 어떤 느낌일까요?

Recognize_깨닫기

여름 소리 퀴즈를 맞혀 봅시다.
지난여름에 있었던 일 중에서 기억에 남는 일은 무엇인가요?
우리 주변의 여름 모습을 관찰해 봅시다.
– 우리 교실에서 여름 모습을 찾아봅시다.
– 우리 학교에서 여름 모습을 찾아봅시다.
– 봄과 달라진 점은 무엇이 있을까요?

여름 소리 퀴즈 맞히기

여름에 들을 수 있는 소리는 어떤 것이 있을지 생각하며 영상에 나오는 소리가 무슨 소리인지 맞혀 봅니다.

지난여름의 추억 떠올리기

지난여름에 있었던 일 중에서 즐거웠던 일이나 힘들었던 일 등, 기억에 남는 일을 이야기합니다. 학생들이 하는 이야기를 잘 듣고 추가 질문을 통해 기억을 구체화시키면서 여름에 대한 정보를 획득하도록 합니다.
"가족과 함께 바다에 갔습니다."
"바다에서 무엇을 보았나요?"
"갈매기도 보고 파도도 보았습니다."
"바다에서 어떤 소리를 들었나요?"
"파도 소리를 들었습니다."

"날씨는 어땠나요?"

"더웠습니다."

"바다에 들어갔을 때 느낌은 어땠나요?"

"차가웠습니다."

여름 모습 관찰하기

교실 사진과 학교 사진에서 여름이라는 것을 알 수 있는 모습이 무엇인지 말해 봅니다. 봄의 모습과 비교해서 달라진 점도 찾아봅니다.

여름의 교실과 학교 모습

교실에 있는 친구들 옷차림과 교실 창문으로 보이는 나무의 모습을 보고 여름이라는 것을 알아차렸습니다. 학교 모습에서도 나뭇잎의 색깔이 봄보다 진해진 것을 찾아냈습니다. 봄보다 나뭇잎이 많고 초록색이 진하다는 것, 날씨가 더워졌다는 것 등 여름이 되어 달라진 점을 발견할 수 있었습니다.

Interaction_상호작용하기

오감으로 여름을 관찰하고 표현해 봅시다.
- 아이스크림 모양을 예쁘게 색칠합니다.
- 학습지를 앞뒤로 번갈아 접고 아이스크림을 붙여서 완성합니다.

여름 모습 표현하기

눈, 코, 귀, 입, 손의 다섯 가지 감각에 대하여 알아봅니다. 여름에 보이는 것, 여름의 냄새, 소리, 맛, 만졌을 때의 느낌을 이야기하고, 이야기 나눈 내용을 바탕으로 오감을 구분하여 5칸 학습지를 정리합니다. 눈은 여름에 본 것, 코는 여름에 나는 냄새, 귀는 여름에 들은 소리, 입은 여름에 느낀 맛, 손은 여름에 느낀 감촉을 떠올려 정리합니다.

눈	코	귀	입	손
- 나뭇잎이 진한 (ㅊㄹㅅ)입니다. - 알록달록 예쁜 (ㄲ)들이 핍니다. - (ㅅㅇㅎ)옷을 입습니다.	- (ㄸ) 냄새가 납니다. - 소나기가 오면 (ㅂ) 냄새가 납니다. - (ㅂㄷ) 냄새가 납니다.	- 후드득 (ㅂ) 소리를 들었습니다. - 철썩철썩 (ㅍㄷ) 소리를 들었습니다. - (ㅊㅂㅊㅂ) 물장구치는 소리를 들었습니다.	- 수박은 (ㄷㅋㅎ) 맛이 납니다. - (ㅇㅇㅅㅋㄹ)은 달고 시원합니다. - 자두는 (ㅅㅋ)합니다.	- (ㄸ)이 나서 끈적합니다. - (ㅎㅂ)이 뜨겁습니다. - (ㅇㅇ)을 만지면 차갑습니다.

여름 오감 학습지

정리한 5칸 학습지를 앞뒤로 번갈아 접습니다. 아이스크림 모양 도안 두 장을 색칠하고 학습지 양 끝에 아이스크림 도안을 붙여서 부채처럼 펼쳤다가 접을 수 있는 '아이스크림 책'으로 여름을 표현합니다.

아이스크림 책으로 여름 표현하기

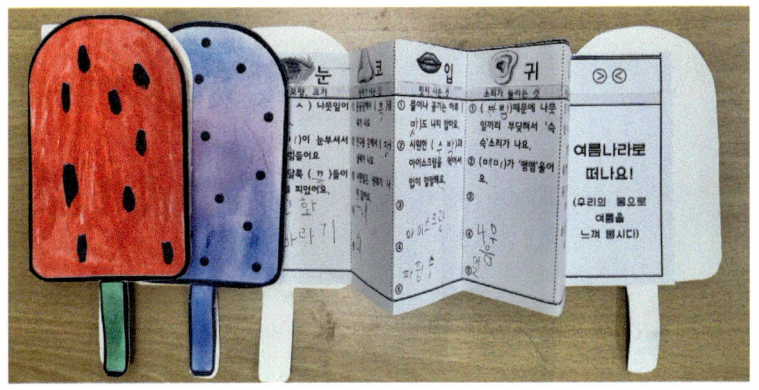

완성된 아이스크림 책

Meaning_의미와 가치 찾기

'여름' 하면 떠오르는 말은 무엇인지 '얼음 땡 발표'로 말해 봅시다.
여름에는 어떤 느낌이 드나요?
여름이 되면 좋은 점은 무엇일까요?

여름 느낌 이야기하기

'얼음 땡 발표'로 '여름' 하면 무엇이 생각나는지 한 가지씩 말해 보며 여름 느낌을 떠올려 보게 했습니다. 그리고 여름에 어떤 느낌이 드는지, 여름이 되면 무엇이 좋은지에 대한 이야기도 나누었습니다.

'얼음 땡 발표'는 『봄이다』 그림책 수업 '의미와 가치 찾기' 단계에서 했던 방법과 같습니다. '얼음 땡 발표' 방법을 학생들에게 설명할 때 다음처럼 안내합니다.

> **얼음 땡 발표 방법 설명 자료**
> 1. '여름' 하면 떠오르는 낱말을 1가지 생각하세요.
> 2. 생각이 난 친구는 자리에서 일어나서 "얼음!"이라고 외치고 움직이지 마세요.
> 3. 모든 친구가 일어나면 발표를 시작합니다.
> 4. 선생님이 한 친구를 지시봉으로 가리키면서 "땡!"이라고 말하면 그 친구는 답을 말하고 자리에 앉습니다.
> 5. 친구가 답을 말할 때 나랑 생각이 같다면 친구와 같이 앉습니다.
> 6. 모든 친구가 자리에 앉으면 발표를 마칩니다.

여름 느낌에 대해 여름은 덥고 땀이 나서 끈적끈적한 느낌이 든다는 이야기도 하고 에어컨을 틀어서 시원하다는 이야기도 했습니다. 모기에 물려서 간지럽다는 이야기도 나왔고요. 여름의 좋은 점에 대해서는 '물놀이' 이야기가 제일 먼저 나왔습니다. 우리 1학년 친구들에게 여름은 무엇보다 물놀이를 할 수 있는 계절이라 좋죠. 그리고 맛있는 수박이랑 아이스크림을 먹을 수 있어서 좋다는 말도 했습니다.

> **수업+더하기**

　1학년들은 주의집중 시간이 짧고 호기심이 많아서 수업 중에 가만히 앉아 있기도 쉽지 않다. 그중에서도 유난히 손장난이 심한 친구들이 있다. 연필을 만지작거리거나 흔들고, 책상을 두드리기도 한다. 지우개를 잘게 잘게 가위로 자르거나 연필로 찌르거나, 교과서나 활동지를 만지작거리거나 찢기도 한다. 낙서도 엄청 한다.

　우리 반에는 이런 학생들이 3~4명 정도 있다. 그중에서도 딴청이는 최고 레벨이다. 내가 하는 말은 늘 딴청이를 그냥 통과하거나 닿자마자 반사되기 일쑤라 설명한 대로 활동을 하는 법이 거의 없다. 이 수업을 하던 날도 그랬다.

　'아이스크림 책 만들기' 설명을 2번 이상 반복해서 설명해 주고 질문에 대답도 해 주고, 활동지에 글씨 쓰기가 힘든 학생들을 위해 칠판에 오감 구역을 나누어 내용을 다 정리해 주었다.

　"시작하세요!" 하자 쓱쓱 삭삭 부지런히 활동을 시작하는 친구들을 뒤로하고, 잠시 후 딴청이가 스윽 다가왔다.

　"선생님, 여기에 뭘 써야 할지 모르겠어요."

　나는 말없이 딴청이의 손을 잡고 일일이 번호를 매겨 가며 정리해 놓은 칠판 앞으로 데려갔다. 그리고 손가락으로 칠판을 가리켰다.

　"아하!"

　이런 일은 더 이상 놀랍지도 않다. 활동지를 자기 멋대로 가위로 자르지는 않았으니 다행이다. 전에는 주어진 활동지에 선만 보이면 일단 자르고 보는 딴청이었다. 연필을 만져서 연필을 내가 가져가면 지우개를 만지고, 지우개를 가져가면 색연필을 굴리고, 색연필과 필통을 통째 가져가 버리면 교과서를 팔락팔락 만지고, 교과서도 치워 버렸더니 책상 메모홀더에 꽂아 둔 '오늘의 공부' 쪽지를 빼서 만지작거렸다. 그래서 딴청이 책상에는 메모홀더도 떼 버리고 '오늘의 공부'는 테이프로 붙여 두게 되었다.

요즘은 수업 중에 책상 위에 아무것도 못 올리게 하고, 교과서가 필요할 때만 펴 주었다가 필요 없어지면 다시 치우고, 연필이 필요할 때 연필을 주었다가 다 쓰면 다시 가져가고, 지우개도 쓸 때만 주고 끝나면 내가 보관하면서 수업을 하고 있다.

아주… 그리고 매우, 번거롭고 힘들지만 딴청이의 주의를 산만하게 할 수 있는 자극을 최소화하려고 노력 중이다. 그래도 꿋꿋한 우리 딴청이, 손장난을 멈추지는 않는다. 책상에 아무것도 없을 때는 그냥 자기 손가락을 꼬거나 만지작거리다가 내가 그 쉴 새 없이 바쁜 딴청이의 손을 끌어 잡은 채 가만히 정색하고 쳐다보면, 세상 순진무구한 표정으로 나를 보면서 '왜요?'라는 눈빛을 은은하게 보낸다.

딴청이가 지치지 않고 손장난을 하는 것처럼, 나도 콩나물 법칙을 떠올리며 딴청이 집중력 향상을 위해 사소하고 번거롭지만 집요하고 꾸준한 노력을 계속할 작정이다. 올해 안에 좋아진다고 자신할 수 없지만 내 노력이 딴청이 안에 조금씩 쌓이고 쌓여서 어느 순간 산만한 기운이 점점 옅어지길 기대하고, 또 언젠가 꼭 그렇게 될 거라 믿는다.

오늘의 공부

"선생님, 오늘은 뭐 해요?"
"다음 시간에 뭐 해요?"
"교과서 몇 쪽 펴요?"

1학년 친구들의 질문은 끝이 없죠. 가장 힘들게 하는 질문 중 하나가 바로 "뭐 해요?" "몇 쪽 펴요?"입니다.

매주 주간 학습 안내를 나눠 주고, 또 교실 게시판에 게시해

3월 7일 화요일 오늘의 공부

♥ 아침 활동
□ 아침 독서
□ 자음 공부 'ㄱ', 'ㄴ'

♥ 1~2교시: 바르게 정리해요(16~17쪽)
□ 교실에서 함께 사용하는 물건 종류와 특징 알아보기
□ 바른 사용 방법 알아보기
□ 바르게 정리하기

♥ 3교시: 깨끗한 학교(18~19쪽)
□ 학교를 깨끗이 가꾸는 방법 알고 실천 다짐하기

♥ 4교시: 나의 하루(20~21쪽)
□ 하루의 생활 알아보기
□ 규칙적인 생활 습관 기르기

[자유 선택 활동]
책 읽기/종이접기/그림 그리기/퍼즐 맞추기/블록 글자 만들기

• 자유 선택 활동은 자기 자리에서 합니다.
• 자유 선택 활동은 소리를 내지 않도록 합니다.
• 다음 수업 활동이 시작되면 바로 멈추고 정리합니다.

'오늘의 공부' 예시

도 보지 않고 묻습니다. 그때마다 "주간 학습 안내를 보세요."라고 말하기도 지칠 정도예요. 거기다 주간 학습 안내에 나온 진도보다 늦어지거나 학교 행사 등으로 변동이 생기게 되면 대략 난감입니다.

고민 끝에 학생들 책상에 메모홀더를 붙이고 매일 '오늘의 공부'를 작성해서 꽂아 주고 있습니다. '오늘의 공부'는 아침 활동부터 마치는 시간까지 어떤 교과, 어떤 활동을 하는지 알려 주는 일정표라고 할 수 있습니다.

처음엔 좀 힘들었지만 '오늘의 공부'를 작성하는 것이 끝없이 쏟아지는 "뭐 해요?" "무슨 책 펴요?" "몇 쪽 펴요?"에 일일이 대답하는 것보다 에너지 소모가 적다는 결론을 내렸어요.

우리 반 아이들은 '오늘의 공부'를 시간마다 보면서 활동을 마칠 때마다 알려 주지도 않았는데 체크 표시를 합니다. 오늘 다 못한 공부는

내일 다시 '오늘의 공부'에 올라간다는 것을 알게 되고 오늘 계획한 공부를 다 마치기 위해 수업에 집중해야 한다는 것도 경험으로 깨닫게 되죠.

놀라운 건… 그럼에도 불구하고 간혹, 가끔, "다음 시간에 뭐 해요?"라고 묻는 친구가 발생한다는 것입니다. 저는 대답해 주지 않고 대신 눈을 최대한 동그랗게 뜨고 아주 놀랐다는 표정으로 그 아이를 뚫어져라 바라봅니다. 그 아이가 머쓱해질 때까지……. 그리고 '내가 뭘 잘못했나?'라고 고민할 때까지…….

대부분은 다른 친구가 옆에서 "야~ '오늘의 공부'를 보면 되잖아!"라고 알려 주고 드문 경우 스스로 "아, 참! 그렇지!" 하기도 합니다.

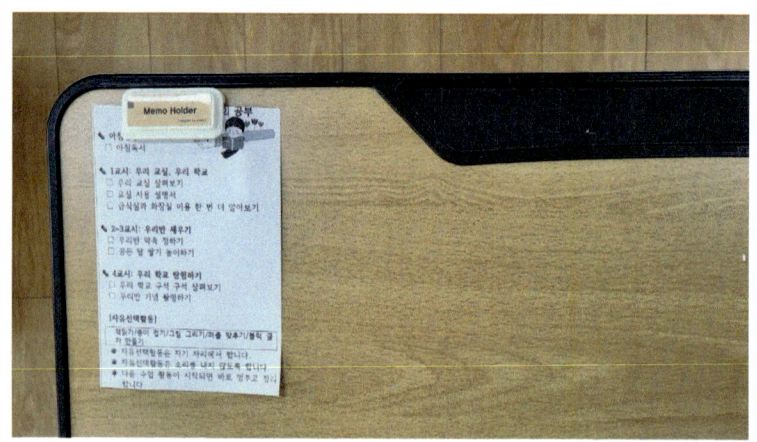

책상 왼쪽 모서리에 꽂아 둔 '오늘의 공부'

여름은 맛있어요 『여름맛』

「나의 여름은
너와 함께하는 나의 여름은
사르르 녹는 맛
손잡고 껑충껑충 뛰는 맛
이따금 불어오는 기분 좋은 바람에
와아! 같이 웃는 맛
너와 함께하는 이 여름은
하나도 잊고 싶지 않은
매일매일 아까운 맛」

『여름맛』 천미진 글, 신진호 그림, 발견, 2020.

단원 및 차시명		2. 여름 나라: 수업 만들기(6/40)
핵심 질문		여름은 어떤 맛인가요?
관련 성취 기준	2015 개정 교육과정	[2즐04-01] 여름의 모습과 느낌을 창의적으로 표현한다.
	2022 개정 교육과정	[2즐01-04] 우리를 둘러싼 자연의 아름다움을 감상한다. [2즐03-02] 자연의 변화를 느끼며 놀이한다.

수업의 개요

단계	활동	교수학습 자료
Great (만나기)	• 『여름맛』 그림책 표지 그림 살펴보기 • 『여름맛』 그림책 읽기 • 공부할 문제와 활동 순서 확인하기	• 여름맛 아이스크림 도안 • 동료평가지
Recognize (깨닫기)	• 여름의 모습과 느낌 떠올리기	

Interaction (상호작용하기)	• 여름의 모습과 느낌을 'OO맛'으로 표현하기 • 여름맛 아이스크림 만들기	
Meaning (의미와 가치 찾기)	• 나의 '여름맛' 발표하기 • 생각 나누기	

『여름맛』은 여름의 다양한 모습과 느낌을 'OO맛'으로 표현한 그림책이다. 그림책과 관련지어 학생들이 경험한 여름의 모습과 느낌을 'OO맛'으로 표현해 보게 했다. 여기서 '맛'이란 혀로 느끼는 '맛'만 뜻하지 않음을 그림책을 통해 자연스럽게 인지함으로써 창의적으로 표현할 수 있게 했다.

「여름의 모습과 느낌을 'OO맛'으로 표현하기」 활동에서 여름하면 떠오르는 것을 브레인스토밍하기 위해 '폭탄 돌리기' 보드게임용 공을 사용해 놀이 활동을 진행했다. 그리고 이 활동에서 떠올린 여름의 모습과 느낌을 '아이스크림 도안'에 그림이나 글로 표현해 보게 했다. 그림책이 『여름맛』이기 때문에 도안도 여름에 맛볼 수 있는 '아이스크림' 모양으로 준비했다. '아이스크림'이 아닌 '수박' 모양이나 '빙수' 모양 도안도 좋겠다.

활동 과정

Great_만나기

그림책 『여름맛』 표지 그림을 살펴봅시다.
『여름맛』 그림책을 읽어 봅시다!
– 여름은 무슨 맛이라고 했나요?

생각 질문

1. 무엇이 보이나요?
2. 어떤 느낌이 드나요?
3. 이 그림책의 계절은 어느 계절일까요?
4. 이 그림책의 제목을 무엇이라고 하면 좋을까요?
5. 이 그림책의 제목은 『여름맛』입니다. '여름맛'이라고 하면 무엇이 떠오르나요?
6. 이 그림책에는 또 어떤 '여름맛'이 나올까요?

표지 그림 살펴보기

　제목을 가린 『여름맛』 표지 그림을 화면으로 보여 주고 생각 질문으로 수업을 엽니다. 그림에서 무엇이 보이는지, 어떤 느낌이 드는지, 계절은 어느 계절일지 이야기 나눕니다. 그림책 제목을 학생들이 지어 보게 하고 그런 제목이 떠오른 까닭도 말해 봅니다. 그림책 제목이 『여름맛』이라는 것을 알려 준 다음, '여름맛'은 무슨 맛일지 떠오르는 것을 말해 보고 '이 그림책에는 어떤 맛이 나올까?'라는 질문으로 학생들이 호기심을 가지도록 합니다.

『여름맛』 그림책 읽기

그림책을 학생들과 함께 읽으며 어떤 '여름맛'이 나오는지 알아봅니다. 아래와 같이 그림책 장면에서 '○○한 맛'이라고 맛을 표현한 부분 중 '○○한' 부분을 가리고 무슨 맛으로 표현했을지 짐작해서 말해 보게 합니다. 짐작한 내용과 비교하며 그림책 장면을 확인하고 함께 읽습니다.

맛 표현 부분을 가린 『여름맛』 그림책 장면

"무슨 맛이라고 했을까요?"
"수박 맛이요!"
"시원한 맛이요!"
"달콤한 맛이요!"
(맛 표현 부분 공개)
"달콤함 맛이라고 했네요. 함께 읽어 봅시다."
"쩍! 달콤한 맛!"

학생들이 생각한 맛이 책 내용과 달라도 긍정적으로 수용해 주었습니다. 학생들이 생각한 맛과 같은 맛이 나오면 퀴즈 정답을 맞힌 것마냥 즐거워하고 다른 말이 나와도 '아하! 그랬구나!' 하며 흥미를 보였습니다.

함께 읽기를 마친 후에는 그림책에 나온 여름맛에 어떤 맛들이 있었는지 기억을 떠올려 말해 보게 했습니다.

Recognize_깨닫기

여러분의 지난여름은 어땠나요?
- 무엇을 보았나요?
- 기억에 남는 일은 무엇인가요?
- 생각하거나 느낀 것은 무엇인가요?
- 여러분의 지난여름은 무슨 맛이었나요?

여름의 모습과 느낌 떠올리기

여름에 있었던 일과 여름에 본 것 등 여름과 관련된 경험 떠올리고 이야기 나눕니다. 이야기 나눈 내용을 그림책에 나온 것처럼 '○○맛'으로 표현해 봅니다.

앞 차시에서 지난여름의 경험에 대하여 이야기를 나누어 보았기 때문에 어렵지 않게 여름과 관련된 경험 이야기를 나눌 수 있었습니다. 이번 시간에는 친구들이 이야기한 내용을 바탕으로 뒤에 '맛'이라는 말을 넣어 표현해 볼 수 있도록 했습니다. 예를 들어 수영장에 놀러 갔다는 친구는 '수영장에 가는 맛'이라고 표현해 보게 했는데요, 그냥

'수영장 맛'이라고 간단하게 표현하는 경우가 대부분이었습니다. 발표에 대하여 긍정적으로 수용해 주기 위해 그 자리에서 바로 수정해 주기보다는 친구들이 '수영장 맛'이라고 말하면 "땡땡이의 지난여름은 '수영장에 가는 맛'이었구나!"라는 식으로 보충 설명을 해 주었습니다.

Interaction_상호작용하기

'여름' 하면 떠오르는 것을 '맛'으로 표현해 봅시다!
– 폭탄 돌리기 공이 터지기 전에 '여름' 하면 떠오르는 것을 말합니다.
– '여름' 하면 떠오르는 것을 말할 때 뒤에 '맛'을 붙여서 말합니다.
'여름맛'을 표현한 아이스크림을 만들어 봅시다!

여름의 모습과 느낌을 '맛'으로 표현하기

'폭탄 돌리기' 보드게임에 사용하는 '폭탄 공'을 이용해서 '폭탄 공'이 터지기 전에 '여름' 하면 떠오르는 것을 뒤에 '맛'을 붙여 말해 보게 합니다. 먼저 '여름' 하면 떠오르는 것 한 가지를 생각할 수 있도록 시간을 줍니다. 생각이 떠오르면 자리에서 일어서게 하고 모든 학생이 일어서면 놀이를 시작합니다. '폭탄 공'을 돌리는 방향과 순서를 정하고 정해진 순서대로 '여름' 하면 떠오르는 것을 '맛'을 붙여 말한 후 '폭탄 공'을 다음 사람에게 넘깁니다. '폭탄 공'이 터지면 그 친구는 자리에 앉고 다음 친구부터 다시 시작합니다. 만약 학급에 '폭탄 공'이 없다면 타이머를 이용해서 타이머가 울리기 전에 말해 보게 해도 됩니다.

부담을 주지 않고 긴장을 늦추기 위해 앞에 친구가 했던 말도 말할 수 있도록 했습니다. 이 활동 역시 앞 차시에서 '얼음 땡' 발표로 '여름'

하면 떠오르는 것을 말해 보았고 또 '폭탄 돌리기' 게임은 우리 반 친구들이 쉬는 시간마다 즐기는 보드게임이라 규칙을 잘 알고 있어서 쉽게 활동에 참여할 수 있었습니다. 15명 친구 모두가 폭탄 공이 터지기 전에 '여름' 관련 단어를 말할 수 있었습니다. 시간이 된다면 여러 번 해 보거나 앞에 친구가 한 말은 하지 못하게 규칙을 바꾸어 보는 것도 좋겠습니다.

여름맛 아이스크림 만들기

아이스크림 모양 도안과 공예용 아이스크림 막대, 그리고 색연필이나 사인펜, 가위를 준비합니다. 아이스크림 도안에 '여름' 하면 떠오르는 것이나 여름에 하고 싶은 일을 그림으로 그립니다. 도안과 그림을 색칠하고 꾸민 후 도안을 오리고 아이스크림 막대를 붙여 완성합니다.

여름맛 아이스크림 만들기 준비물 안내자료

한 차시 안에 활동을 마치기 위해 저는 아이스크림 도안을 미리 오려서 제공했어요. 그리고 아이스크림 막대도 미리 양면테이프를 붙여서 제공했습니다. 학생들은 도안에 그림만 그리고 바로 막대를 붙여 완성할 수 있게 했어요. '그림으로 표현하기'가 중요 활동이기 때문에 오리고 붙이는 활동에 시간을 많이 쓰지 않도록 미리 준비하면 시간도 아끼고 학생들은 좀 더 집중할 수 있습니다.

학생들이 표현한 여름맛 아이스크림

학생들이 '여름맛 아이스크림'을 표현하는 동안 한 명씩 찾아다니며 활동 모습을 관찰 평가했습니다. '여름' 하면 무엇이 떠오르는지, 또 하고 싶은 것은 무엇인지 질문하고 "나의 여름은 ○○맛입니다."로 말해 볼 수 있도록 도와주었습니다.

무엇을 그릴지 모르겠다는 친구, 그리고 싶은 것은 있는데 어떻게 그려야 할지 모르겠다는 친구들에게는 적절한 피드백을 통해 활동에 참여할 수 있도록 했습니다. 그리고 이어지는 '나의 여름맛 발표하기' 활동을 위해 학생들의 활동 결과물 사진을 미리 찍어서 준비했습니다.

Meaning_의미와 가치 찾기

나의 '여름맛'을 발표해 봅시다!
친구들이 발표를 잘 듣고 여름의 모습과 느낌을 잘 표현한 친구 이름에 ○표를 해 주세요!
오늘 활동으로 알게 된 점이나 느낀 점은 무엇인가요?

나의 '여름맛' 발표하기

여름맛 아이스크림 만들기 결과물 사진을 화면으로 보면서 '나의 여름은 ○○맛입니다.'라는 문장을 활용하여 발표합니다. 발표하기 전에 발표를 위한 문장 활용 예시를 보며 연습합니다.

나의 '여름맛'을 발표해 봅시다!
나의 여름은 물놀이하는 맛입니다.
나의 여름은 선풍기 맛입니다.
나의 여름은 _____ 맛입니다.

나의 '여름맛' 발표 문장 예시 자료

동료 평가하기

동료평가지를 활용하여 친구들의 발표를 경청하며 평가합니다.

1학년 친구들을 위한 동료평가지는 간단하게 평가할 수 있도록 평가 내용과 기준을 안내하고 우리 반 친구들의 이름을 써서 준비했어요. 친구들의 발표를 들으면서 여름의 느낌을 잘 표현한 친구 이름에 ○를 그리게 했는데 어떤 친구는 잘한 친구 ○, 잘못한 친구 ×로 나누어 표시하더라고요. ×표는 하지 않도록 다시 안내하고 느낌을 잘 살려서 표현한 친구에게 ○만 표시하게 했습니다. 1학년 친구들은 부정적 평가에 대해 감정적 동요가 크기 때문에 평가 전에 부정적 평가는 하지 않도록 주의시켜야겠다고 생각했습니다.

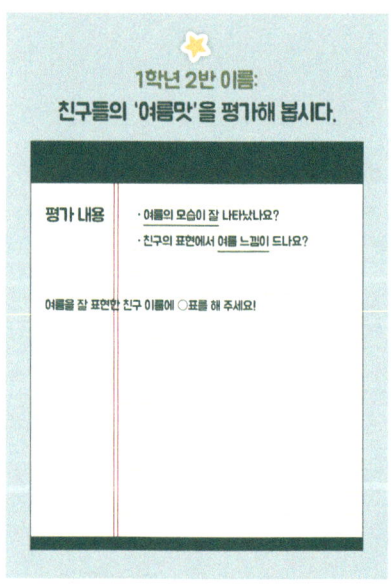

동료 평가지 예시(이름 생략)

수업+더하기

　실제 수업을 해 보니 생각보다 시간이 오래 걸렸다. 발표하는 것을 워낙 좋아하는 1학년 친구들이라 발표 기회를 골고루 최대한 많이 주려고 했고, 그러다 보니 '깨닫기 활동'에서 시간이 예상보다 많이 소요됐다. 그러나 시간이 걸리더라도 그림책 수업에서는 질문을 통해 배우는 것이 중요하다는 생각이 들었다. 앞으로는 문답 활동에 더 많은 시간을 쓸 수 있도록 수업을 계획해야겠다.

　아이스크림 도안을 주고 도안 안에 '여름' 하면 떠오르는 것이나 여름에 하고 싶은 일을 표현해 보라고 했는데 동글(가명)이는 그냥 아이스크림 도안을 색칠하고 있었다.

　"동글아, 이거 색칠하는 거 아니고 이 안에 '여름' 하면 떠오르는 것이나 동글이가 여름에 하고 싶은 일 그림으로 그려 보는 거야."

　"저는 색칠하라고 하는 줄 알았어요. 그리고 뭘 그릴지 잘 모르겠다고요."

　"동글이는 '여름' 하면 뭐가 생각나?"

　"음…… 레몬이요. 레몬 음료 시원해서요."

　"아, 레모네이드 말이구나. 여름에 얼음 넣어서 마시면 시원하지? 그래, 그걸 그려 보자."

　동글이 표정이 밝아지더니 신나서 쓱쓱 그리기 시작했다. 그림이 완성될 때쯤 동글이에게 다시 가서 물어보았다.

　"동글이의 여름은 무슨 맛인가요?"

　"레몬이요."

　"잘했어. 그럼 이번에는 '맛'을 넣어서 '저의 여름은 레몬 맛입니다.'라고 말해 볼까?"

"저의 여름은 '레몬 맛'입니다!"

"정확하게 잘 말했어. 이따 발표할 때 바로 지금처럼 말하면 된단다."

이렇게 미리 문답을 통해 피드백을 받은 동글이는 발표할 때 또박또박 자신 있게 "저의 여름은 레몬 맛입니다."라고 말해서 친구들의 박수를 받았다.

과정중심평가는 이렇게 활동 결과물에 대해 학생이 얼마나 잘했나, 학습 목표를 성취했나를 알아보는 것이 아니라 학생이 어떤 부분에서 어려움을 느끼는지 파악해서 적절한 피드백을 통해 학습 목표에 도달할 수 있도록 지원하기 위한 평가다. 이런 관점에서 본다면 우리 선생님들은 이미 오래전부터 '과정중심평가'를 해 오고 있었다. 학생의 성장을 돕는 과정중심평가란 이처럼 알고 보면, 새로울 것도 어려운 것도 없다.

동글이가 그린 '레모네이드'

달나라 옥토끼 구조 작전 『달 샤베트』

「똑똑똑
이번엔 또 무슨 소리지요?
문밖을 내다보니 옥토끼 두 마리가 서 있었습니다.
"달이 사라져 버려서 살 곳이 없어요."
"그것 참, 큰일이로구나……."
할머니는 식탁에 앉아 생각에 잠겼습니다.」

『달 샤베트』 백희나 글/그림, 책읽는곰, 2014.

단원 및 차시명		2. 여름 나라: 해 마을에 이런 일이(10~11/40)
핵심 질문		에너지를 어떻게 아낄 수 있을까요?
관련 성취 기준	2015 개정 교육과정	[2바04-01] 여름철의 에너지 절약 수칙을 알고 습관화한다.
	2022 개정 교육과정	[2바03-04] 공동체 속에서 지속가능성을 위한 삶의 방식을 찾아 실천한다.

수업의 개요

단계	활동	교수학습 자료
Great (만나기)	• 스토리텔링으로 프로젝트 열기 • 『달 샤베트』 그림책 만나기 • 프로젝트에서 배울 내용 알아보기 • 공부할 문제와 활동 순서 확인하기	• 에너지 절약 다른 그림 찾기 자료 https://youtu.be/AI21L1UKrgQ (출처: 유튜브 '임샘 tv') • '내가 GREEN 지구 로켓 도안' (출처: 쌤튜브 '미미교실') • 「지구를 살려 주세요」 노래 영상 https://youtu.be/3ObiKWXLhdc (출처: 유튜브 '박상문 뮤직웍스')
Recognize (깨닫기)	• 에너지 낭비 사례 알아보기 • 에너지 절약하는 방법 찾기	

Interaction (상호작용하기)	• 에너지 절약 다짐 카드 만들기	• 「북극곰아」 노래 영상 https://youtu.be/ F-kxIyKWLno (출처: 유튜브 '도담도담 포켓스쿨')
Meaning (의미와 가치 찾기)	• 환경 노래 부르기 • 생각 나누기	

『달 샤베트』는 무더운 여름, 에어컨과 선풍기, 냉장고들이 뿜는 열기로 달이 녹아내린 이야기이다. 『달 샤베트』를 주제 그림책으로 '에너지 절약 프로젝트'를 준비했다.

통합 교과를 중심으로 국어, 수학 교과를 연계, 재구성하고 에너지 관련 차시들을 묶어 프로젝트를 계획했다. 여름 2단원 '여름 나라'에는 에너지 절약과 물 절약 관련 수업이 많다. '여름 나라' 단원 안에 있는 같은 주제의 수업들을 묶었다. 물 모으기 놀이 활동에서 수학 4단원 '비교하기'를 연계하고 프로젝트 마무리 활동 '옥토끼에게 편지 쓰기'에서 국어 7단원 '생각을 나타내요' 단원을 연계했다.

이번 수업은 프로젝트 첫 수업으로 프로젝트를 소개하고 주제를 안내했다. 그리고 여름철 에너지 낭비 사례를 알아보고, 달에 사는 옥토끼들을 위해 달이 다시 녹지 않도록 에너지를 아끼는 방법을 찾아보았다.

활동 과정

Great_만나기

아주 오랜 옛날부터 달나라에는 옥토끼가 살고 있었어요!
그런데 어느 날 옥토끼는 살 곳을 잃었답니다!
옥토끼에게 무슨 일이 일어난 걸까요?
옥토끼를 구해 주세요!
『달 샤베트』 그림책을 만나 봅시다.

생각 질문

1. 달은 왜 녹았을까요?
2. 세상은 왜 깜깜해졌을까요?
3. 옥토끼들은 왜 할머니 집을 찾아왔나요?
4. 반장 할머니는 옥토끼들을 어떻게 도와주었나요?
5. 달이 다시 녹아 없어지지 않도록 우리는 어떻게 옥토끼를 도와줄 수 있을까요?

스토리텔링으로 프로젝트 열기

그림책 장면 중 옥토끼가 나오는 부분을 보여 주며 '옛날 옛적 옥토끼' 이야기로 수업을 엽니다. 달나라에 살고 있던 옥토끼가 왜 살 곳을 잃었는지 옥토끼에게 어떤 일이 벌어졌는지 궁금한 마음이 들게 한 다음 그림책 『달 샤베트』를 들려줍니다.

이번 프로젝트는 달이 녹아 없어지는 바람에 살 곳을 잃어버린 달나라 옥토끼를 도와주는 콘셉트입니다. 『달 샤베트』 그림책에서는 녹은 달 물을 달맞이꽃 화분에 부어 다시 달을 만들고 옥토끼들이 돌아갔는데 에너지를 아껴 쓰지 않으면 앞으로 또 달이 녹아 옥토끼들이 살 곳을 잃어버릴 수도 있다는 스토리텔링으로 프로젝트를 시작했습니다.

『달 샤베트』 그림책 만나기

『달 샤베트』 그림책을 읽는 중간중간 중요한 장면에서 멈추고 그림을 살펴보며 이야기를 나눕니다. 첫 장면에서 달이 왜 녹았을지 짐작해 보고 사람들의 생활 모습에서 에너지가 낭비되는 모습을 찾아봅니다. 옥토끼들이 반장 할머니를 찾아온 장면에서 왜 옥토끼들이 찾아왔을지 이야기 나누고 어떻게 도와줄 수 있을지 생각을 말해 보게 합니다. 그림책을 다 읽은 후에는 생각 질문을 통해 다시 한번 내용을 떠올리고 정리하며 프로젝트 주제인 '에너지 절약'을 소개합니다.

그림책을 읽고 프로젝트 주제에 대한 이야기를 나누다 보니 '기후 변화'에 대한 이야기가 자연스럽게 나왔어요. 지구 온도가 자꾸 올라가고 북극과 남극의 얼음이 녹고 있어서 이대로 가면 땅이 점점 물에 잠기게 될지도 모른다고 이야기하는데 우리 반 소심이가 갑자기 훌쩍훌쩍 눈물을 보였어요.

"소심아, 왜 울어?"

"너무…… 무서워요. 흑흑!"

아이고, 어떡해요. 1학년에게는 공포심을 줄 수도 있는 이야기였어요. 사실 참 무서운 일이긴 하죠. 모두가 경각심을 가지고 노력해야 할 문제라는 생각이 다시 한번 들었습니다.

"괜찮아, 소심아. 지금부터 우리가 노력하면 그런 일을 막을 수 있을 거야."

소심이를 달래고 '에너지 절약'의 의지를 북돋우며 수업을 이어 나갔습니다.

프로젝트에서 배울 내용 알아보기

프로젝트 제목과 '에너지 절약'이라는 주제를 안내한 다음 '에너지 절약'에 대하여 어떤 공부를 하면 옥토끼를 도와줄 수 있을지 생각을 나눈다. 계획한 프로젝트 활동을 화면을 통해 직관적으로 볼 수 있게 정리해서 제시한 후 학생들이 말한 활동들을 적절하게 반영하여 미리 계획한 활동들과 통합하거나 수정할 것을 제안한다.

달나라 옥토끼 구조 작전!

해 마을에 이런 일이
에너지를 절약하는 방법 알아보고 다짐하기

햇볕은 쨍쨍
에너지를 아껴야 하는 여름철 생활 도구 알아보기

더위를 날려요
에너지를 아낄 수 있는 생활 도구 만들기

달나라 옥토끼 구조 작전
옥토끼에게 에너지 절약 다짐 편지 쓰기

비 마을에 이런 일이
물 낭비 사례와 절약 방법 알아보기

한 방울도 소중해
물 모으기 놀이 하고 물 절약 실천 다짐하기

우리 함께 해 봐요
에너지 아끼기 캠페인 하기

▲ 프로젝트 활동 안내

Recognize_깨닫기

해 마을에 어떤 문제가 있나요?
문제를 해결하려면 어떻게 해야 할까요?
에너지를 절약하려면 어떻게 해야 할까요?

에너지 낭비 사례 알아보기

통합교과 『여름』 교과서 90~91쪽 그림에는 에너지를 낭비하는 모습이 표현되어 있습니다. 그림 속 에너지를 낭비하는 장면을 찾아 이야기 나누고 어떻게 해야 에너지 낭비하지 않고 아낄 수 있는지 방법에 대해서도 이야기 나눕니다. 에너지가 낭비되는 장면 위에 붙일 수 있도록 같은 크기의 에너지 절약 그림을 나누어 주고 에너지 절약 그림을 가위로 오려서 낭비하는 그림 위에 풀로 붙여 보게 했습니다(에너지 절약 그림은 교과서 PDF 파일을 다운로드받은 후 이미지 편집 프로그램으로 수정해서 만들 수 있습니다).

에너지 절약하는 방법 찾기

통합교과 『여름』 교과서 92~93쪽 그림에는 냉장고 문을 잘 닫는 모습, 사용하지 않는 전기 기구의 플러그를 빼는 모습, 에어컨 온도를 적정 온도로 맞추는 모습이 표현되어 있습니다. 그리고 '실내 온도는 ( )℃ 이상', '사용하지 않는 (   ) 끄기', '에어컨과 함께 (   ) 사용하기'와 같이 에너지 절약 방법도 함께 제시되어 있습니다. 먼저 교과서 내용을 살펴보며 에너지를 아낄 수 있는 방법을 알아봅니다. 그리고 '에너지 절약 다른 그림 찾기' 영상을 보며 에너지를 절약하는 방법을 더 찾아봅니다.

Interaction_상호작용하기

'에너지 절약을 다짐하는 카드'를 만들어 봅시다.
- 지구 로켓 그림을 그리고 색칠해 주세요.
- 에너지 절약을 다짐하는 약속을 씁니다.
- 빈 곳을 색칠하고 꾸며서 멋지게 완성해 봅시다!

에너지 절약 다짐 카드 만들기

지구 그림을 색칠하고 에너지 절약하는 방법 중 한 가지를 골라 "~하겠습니다."라고 약속하는 문장으로 씁니다. 카드를 가위로 오리고 게시판에 붙입니다.

저는 에너지 절약 다짐 카드를 월패드에 붙여서 복도에 개시해 놓고 약속을 기억해 보게 했습니다.

에너지 절약 다짐 카드 만들기

Meaning_의미와 가치 찾기

에너지 절약을 다짐하며 '환경 노래'를 불러 봅시다.
오늘 활동으로 알게 된 점이나 느낀 점은 무엇인가요?
에너지를 아끼지 않으면 어떤 일이 생길까요?

환경 노래 부르기

'환경 보호'나 '에너지 절약' 관련 노래 영상을 보며 함께 노래 불러 봅니다.

유튜브를 찾아보면 '환경 보호', '에너지 절약' 주제 노래가 많습니다. 시간이 된다면 여러 가지 노래를 배워 보는 것도 좋겠습니다. 우리 반은 '달나라 옥토끼 구조 작전' 프로젝트를 진행하는 동안 수업을 시작하거나 마칠 때 매일 2~3가지씩 노래를 불러 보는 시간을 가졌습니다. 처음부터 따라 부르기는 어렵지만 여러 번 들려주었더니 나중에는 가사를 익혀서 잘 따라 불렀답니다.

생각 나누기

활동을 통해 알게 된 사실이나 느낀 점을 이야기하고 에너지를 아끼지 않으면 어떻게 될지 생각해 봅니다.

『달 샤베트』 그림책에 사람들이 에너지를 너무 많이 써서 세상이 캄캄해지는 장면이 나옵니다. 그 장면을 본 덕분인지 "에너지를 아끼지 않으면 어떻게 될까?" 질문하니 "전기가 없어질 수도 있어요."라는 대답이 바로 나왔습니다.

"전기가 부족해지면 어떤 일이 생길까요?"

"밤에 불을 못 켜서 캄캄해서 무서울 것 같아요."

"더운데 에어컨이나 선풍기를 못 켜서 힘들어요."

"자동차도 못 타요."

전기가 부족할 때 생기는 불편함을 이야기하다가 그런 일이 생기지 않도록 에너지를 아껴 쓰자는 다짐을 하며 수업을 마무리했습니다.

업+더하기

'달나라 옥토끼 구조 작전' 프로젝트는 총 12차시로 다음과 같이 계획했다.

1. 프로젝트 개요

프로젝트명	달나라 옥토끼 구조 작전!		프로젝트 유형		학급 단위	
활동 목표	여름철 에너지를 아끼는 방법을 알아보고 실천하여 에너지 절약 습관을 기른다.					
중점 역량	자기관리	심미적감성	의사소통	공통체	창의적 사고	지식정보처리
	○		○	○		
운영 의도	통합 교과 '여름'의 2단원 '여름 나라'는 '여름맞이'를 학습 주제로 여름 날씨의 특징과 생활 모습, 도구를 살펴보고 생활 속에서 지킬 수 있는 '에너지 절약' 수칙을 배우도록 구성되어 있다. '달나라 옥토끼 구조 작전!'은 여름철 에너지 절약을 주제로 한 프로젝트이다. '여름 나라' 단원을 중심으로 관련 교과를 함께 재구성하여 여름철 에너지 절약의 필요성을 알아보고 생활 속에서 에너지를 아낄 수 있는 방법을 탐색하며 실천으로 옮김으로써 에너지 절약 습관을 기르고자 한다. 에너지 절약은 공동체를 위한 과제임을 알고 에너지를 아끼는 방법을 탐색하는 과정에서 서로의 생각을 모으는 의사소통 역량을 기를 수 있기를 바란다. 또한 에너지 절약 습관을 기르기 위한 자기 관리 역량도 기를 수 있기를 기대한다.					

2. 관련 교과 및 성취기준

교과	성취기준
국어	[2국03-02] 자신의 생각을 문장으로 표현한다.
수학	[2수03-01] 구체물의 길이, 들이, 무게, 넓이를 비교하여 각각 '길다, 짧다' '많다, 적다' '무겁다, 가볍다' '넓다, 좁다' 등을 구별하여 말할 수 있다.
바른 생활	[2바04-01] 여름철의 에너지 절약 수칙을 알고 습관화한다.
슬기로운 생활	[2슬04-01] 여름 날씨의 특징과 주변의 생활 모습을 관련짓는다. [2슬04-02] 여름에 사용하는 생활 도구의 종류와 쓰임을 조사한다.
즐거운 생활	[2즐04-02] 여름에 사용하는 생활 도구를 여러 가지 방법으로 표현한다.

3. 프로젝트 수업 흐름

순	차시	소주제	학습 내용	교과/시수	학습 준비물
1	1~2	해 마을에 이런 일이	• 『달 샤베트』 그림책 만나기 • 에너지 낭비 사례 알아보기 • 에너지 절약 방안 찾기 • 에너지 절약 다짐하기	슬생 2. 여름 나라 (90~93쪽)	그림책 ppt
2	3~4	햇볕은 쨍쨍	• 여름철 사람들의 생활 모습 살펴보기 • 여름철 사람들이 사용하는 도구 살펴보기 • 여름철 생활 도구 중 에너지를 아껴야 하는 도구 찾아보기 • 여름을 잘 보내기 위한 방법 알아보기	슬생 2. 여름 나라 (86~89쪽)	활동지

순	차시	소주제	학습 내용	교과/시수	학습 준비물
3	5~6	더위를 날려요	• 부채에 대하여 알아보기 • 부채와 에너지 절약의 관련성 생각하기 • 부채 구상하고 만들기 • 부채질 놀이하기	즐생 2. 여름 나라 (94~95쪽)	투명 부채 만들기 재료
4	7~8	비 마을에 이런 일이	• 에너지(물) 낭비 사례 알아보기 • 에너지(물) 절약 방법 찾기	바생 2. 여름 나라 (114~117쪽)	활동지
4	9	한 방울도 소중해	• '물' 모으기 놀이하기 • '물'의 양 비교하기 • 에너지(물) 절약 실천 다짐하기	즐생 2. 여름 나라 (118~119쪽) 수학 4. 비교하기 (100~101쪽)	물, 모양과 크기가 다른 물통
5	10~11	우리 함께 해 봐요	• 에너지 아끼기 운동 계획하고 준비하기 • 에너지 아끼기 운동 실시하기	바생/즐생 2. 여름 나라 (96~97쪽)	캠페인 배지 만들기 재료
6	12	달나라 옥토끼 구조작전	• '달나라 옥토끼'에게 편지 쓰기 • 에너지 절약 실천표 만들고 작성하기 • 에너지 절약 다짐하기	국어 7. 생각을 나타내요 (192~197쪽)	편지지 에너지 절약 실천표

4. 평가 계획

교과	성취기준	평가 내용	평가 방법
국어	[2국03-02] 자신의 생각을 문장으로 표현한다.	• 에너지 절약에 대한 자신의 생각을 문장으로 표현할 수 있다.	지필평가
수학	[2수03-01] 구체물의 길이, 들이, 무게, 넓이를 비교하여 각각 '길다, 짧다' '많다, 적다' '무겁다, 가볍다' '넓다, 좁다' 등을 구별하여 말할 수 있다.	• 모양과 크기가 다른 물통에 담긴 물의 양을 비교하여 '많다, 적다'로 표현할 수 있다.	구술평가
바른 생활	[2바04-01] 여름철의 에너지 절약 수칙을 알고 습관화한다.	• 여름철 에너지 절약 방법을 알고 에너지 절약 실천표를 만들어 실천하는 습관을 기른다.	자기평가
슬기로운 생활	[2슬04-01] 여름 날씨의 특징과 주변의 생활 모습을 관련짓는다. [2슬04-02] 여름에 사용하는 생활 도구의 종류와 쓰임을 조사한다.	• 그림을 보고 여름 날씨의 특징과 관련 있는 생활 모습을 찾을 수 있고 여름에 필요한 생활 도구의 종류를 조사하여 무엇에 쓰이는 도구인지 말할 수 있다.	관찰평가
즐거운 생활	[2즐04-02] 여름에 사용하는 생활 도구를 여러 가지 방법으로 표현한다.	• 에너지를 절약하기 위한 여름철 생활 도구를 창의적으로 표현할 수 있다.	관찰평가

여름이라는 계절을 맞아 꼭 필요한 '에너지 절약'에 대하여 알아보고 에너지와 물 절약을 생활 속에서 실천할 수 있었다. 올해 여름은 부쩍 비도 많이 오고 날씨가 더워서 이 모든 기후 변화들이 바로 지구가 몸살을 앓고 있기 때문이라는 이야기에 학생들이 더 몰입하여 프로젝트에 참여

할 수 있었다. 에너지 절약 배지 만들기와 물 모으기 놀이에 열심히 참여했고 본교 다른 학급을 일일이 방문해서 진행한 '에너지 절약 캠페인' 활동에 적극적이었다.

에너지와 물이 소중하다는 것을 알게 되었고 앞으로도 지구를 지키기 위해 꾸준히 에너지 절약, 물 절약을 실천할 것을 다짐했다. 일주일간 실천한 내용을 실천표에 작성하며 가족에게 동참할 것을 독려하기도 했다.

아직 1학년 친구들이라 직접 프로젝트의 주제 활동을 구성하고 계획에 참여하는 것이 부족했다. 다음에는 그림책을 함께 읽고 학생들이 직접 그 그림책에서 배우고 싶은 주제를 골라 보거나 주제와 관련된 활동 내용을 계획해 보는 활동을 하고 싶다.

맺는말

나는 물을 줄 뿐,
콩나물은 스스로 자란다

며칠 전 친구에게 전화를 받았다. 오랜만에 전하는 안부 전화였다. 친구도 잘 지낸다고 하고, 나도 잘 지낸다 인사하며 서로 다행이다 웃었다. 나이가 있다 보니 건강하다는 말이 제일 반갑다. 그리고 최근 있었던 '△△초 사건'이나 'OO초 사건'과 같은 가슴 아픈 소식들 이야기와 무너진 교권에 대한 걱정을 나누었다.

"그래, 요즘 힘든 일은 없고?"

친구가 물었고 나는 작게 웃었다.

"나야, 뭐…… 힘들 게 뭐 있나. 이 나이에, 이 경력에……. 이젠 일도 안 힘들고 애들이랑 수업하는 것도 안 힘들고 다 재미있어."

"부럽다. 난 아직 다 어려운데……."

물론 나도 어렵다. 어렵고 몸은 힘들지만, 마음은 즐겁기에 그리 답했을 뿐이다. 1학년은 특히 몸이 힘들고, 그중에서도 목이 가장 힘들다. 다행히도 나는 목청이 건강해서 교사 생활을 하는 동안 목이 고장 나는 일이 거의 없었다.

아이들을 다 보낸 후 빈 교실에서 업무를 시작하기 전 잠깐 아이들이 앉아 있던 자리를 둘러보면 그날 아이들과 온 힘으로 부대끼고 어울린 시간이 떠오른다. 답답하고 당황스러웠던 일, 귀엽고 놀라웠던 일, 걱정되고 불안했던 일 등. 그 모든 일이 어느 순간 나를 힘들게 하는 일이 아니라 나를 더 성장하게 하고 더 행복하게 한다는 사실에 감사함을 느낀다.

교사가 내 길이 아니라는 생각을 하던 날도 있었다. 더는 이 일을 못 하겠다고 포기하려던 순간도 있었다. 그럴 때마다 내 주변에서 열심히 노력하고 매일 연구하는 동료 선생님들과 못난 선생님이지만 무한한 애정과 신뢰를 보내 주던 아이들을 보면서 마음을 붙들었다.

나는 참 운이 좋다. 좋은 동료들과 친구들을 만났고 크게 나를 괴롭히거나 힘들게 하는 민원을 받지 않았으며 감당 못 할 정도로 힘든 학생을 만나 쓰러질 일도 없었다. 덕분에 크고 작은 고비를 만나면서도 잘 넘고, 잘 피하며 여기까지 온 것 같다.

예전에 나는 내가 아이들에게 뭔가 심어 주고 길러 줘야 한다고 생각했다. 어떻게든 아이들의 마음에 무언가 가치 있고 좋은 것을 심고 기르려고 애쓰다 보니 힘만 들고 내가 애써 뿌리고 심은 씨앗들은 아이들 마음속에 뿌리내리기가 어려웠다.

지금 나는 그저 물을 붓고 또 부을 뿐, 자라는 건 콩나물의 몫이라고 생각한다. 씨앗은 내가 가지고 있는 것이 아니라 아이들이 이미 가지고 있고 성장의 주체는 '아이들'이다. 이렇게 생각하니 수업도 생활 지도도 힘들지만 즐거운 일이 되었다. 놀랍고 감사한 건 아이들이 자라는 과정에서 나도 함께 성장하고 성숙해진다는 것이다.

"선생님, 감사합니다. 바름(가명)이가 학교에 다니면서부터 너무 좋은 쪽으로 많이 변하고 발전했어요. 수업도 재미있다고……. 유치원 다닐 때보다 학교가 더 재미있대요."

감사하게도 학부모 전화 상담 중에 한 학부모님이 해 주신 말씀이다. 나는 '수업이 재미있다.'라는 말을 들었을 때가 가장 기쁘다. 내가 하고 싶은 수업이 '재미있는 수업'이기 때문이다. 이 시대에 교사로 살아간다는 것이 결코 쉽지 않은 길임을 잘 알고 지금까지도 순전히 운이 좋아 살아남았다고 생각하지만, 앞으로도 운이 좋아 교사로 살아남을 수 있다면 '한바탕 잘 놀고 나니 배움이 남는 수업'을 위해 더 고민하고 연구하고 준비해야겠다.